KB206136

크리스천 인사이트

사람, 세상, 미래를 이어주는 교회들의 이야기

CTS

한재욱

지용근

주경훈

안희묵

유기성

심우인

장동민

정재영

임병선

전규택

필쿡

노나 존스

황인권

조성실

이상화

크리스천 인사이트

사람, 세상, 미래를 이어주는 교회들의 이야기

CHRISTIAN INSIGHT

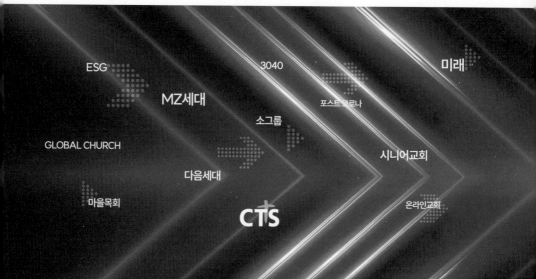

ESG

MZ세대

3040

미래

포스트 코로나

소그룹

GLOBAL CHURCH

시니어교회

다음세대

마을목회

CTS

온라인교회

발간사

할렐루야! CTS기독교TV 회장 감경철 장로입니다.

코로나 팬데믹으로 혼란스러웠던 지난 2년간 한국교회에 많은 변화가 있었습니다. 모든 것이 비대면으로 전환되어 그동안 현장 중심으로 운영되어 온 한국교회는 큰 혼란을 겪을 수밖에 없었습니다.

그럼에도 이 시기동안 한국교회에서는 많은 고민과 논의가 있었고, 새로운 도전들이 있었습니다. 혹자는 이 시기가 한국교회의 암흑기였다고 말하지만 이러한 과정이 한국교회의 역사에 유의미한 일이었으며, 교회가 본질을 고민하며 많은 것을 배우는 귀한 시간이었음을 믿어 의심치 않습니다.

CTS는 오랜 시간 한국교회와 협력하며 많은 목회자들의 목회 고민에 귀를 기울여 왔습니다. 모든 것이 불확실한 불확실성의 시대가 된 지금, 목회자들의 고민 또한 다양해지고 있었습니다. 세상은 4차 산업혁명과 포스트 코로나에 발맞춰 빠르게 변화하고 있습니다. 교회 또한 세상과 목회 현장을 분석하며 변화해야 합니다.

이를 위해 CTS는 사람과 연결되고 세상과 연결되며 미래와 연결되는 한국교회를 꿈꾸며 2022년 한 해동안 일곱 차례의 목회 컨퍼런스를 개최했으며 컨퍼런스 내용을 바탕으로 <크리스천 인사이트>를 발간하게 되었습니다.

<크리스천 인사이트>는 다음세대, 시니어세대부터 시작하여 마을목회, 미래교회 등의 폭 넓은 주제를 다루고 있습니다. 또한 각 주제별로 목회 및 다양한 분야의 전문가들이 연구해온 정확한 통계와 통찰력 있는 분석을 담았습니다.

이와 함께 새로운 도전을 통해 본질을 지키며 변화하고 있는 다양한 교회 사례를 각 장마다 소개하며 새로운 인사이트를 얻을 수 있도록 하였습니다.

이 책이 혼란스러운 세상 속에서 고민하고 있는 많은 목회자들에게 도움이 되길 소망합니다. 어떻게 하면 이 땅에서 건강한 크리스천으로 살아가며 건강한 한국교회를 세워 나갈 수 있을지를 고민하는 교회 리더, 평신도에게도 이 책이 도움이 될 것이라고 확신합니다.

한국교회가 세상의 트렌드를 분석하고 분별하여 적용하되, 급변하는 세상 속 오직 변하지 않는 진리이신 예수 그리스도를 끝까지 의지하고 선포하며 나아가기를 소망합니다.

CTS는 앞으로도 목회자들의 목회를 지원하고 응원하며 한국교회를 이끌어갈 다음세대를 세워나가는 사역에 전력을 다하겠습니다.

감사합니다.

CTS기독교TV

감경철 회장

코로나 19 사태를 통해 그동안 많은 교회들이 양적 성장에 집중해왔음이 드러났습니다. 많은 성도들이 교회를 떠나가고 가나안 성도가 되는 모습을 보며, 우리는 영혼 구원과 영적 성장을 위한 양육에 더욱 많은 관심과 열정을 가져야 한다는 것을 알게 되었습니다. 평신도부터 교회 리더, 목회자까지도 지쳐있는 지금, 이 책이 한국교회가 내실을 다져나갈 수 있도록 돕고 격려할 것을 기대합니다. 각 세대와 연결되고 세상에 다가서며 미래를 꿈꾸는 한국교회에 이 책이 좋은 참고서가 되었으면 좋겠습니다.

기독교대한감리회 감독회장 이철 목사

지난 몇 년간 한국교회는 본질과 비본질에 대하여 치열하게 고민하였습니다. 또한 한국교회가 세상으로부터 신뢰를 잃어버린 상황에서 어떻게 하면 복음을 세상에 전할 수 있을지에 대한 고민도 이어졌습니다. 이 가운데 사람과 연결되고 세상과 연결되고 미래와 연결되는 교회에 대한 논의가 이루어지고, 이를 담은 <크리스천 인사이트>가 발간되는 것은 매우 의미있는 일이 아닐 수 없습니다. 이 책을 통해 한국교회가 본질과 비본질에 대한 고민을 이어가며 이에 대한 인사이트를 얻고, 빠르게 변화하는 세상을 분석하며 말씀 속에서 얻은 지혜로 지혜롭게 대응하고 새롭게 변화해 나가기를 희망합니다.

대한예수교장로회 통합 총회장 **이순창 목사**

코로나19로 모든 사회변화가 급속화되었습니다. 또한 장기화되고 있는 코로나19로 인해 경제, 사회, 문화 전반에도 큰 어려움이 지속되고 있습니다. 이러한 상황에서 교회는 무너진 교회의 회복을 위해 계속해서 고민해 왔습니다. 이때에 한국교회의 미래를 함께 고민하는 CTS의 <크리스천 인사이트>가 발간되어 매우 기쁩니다. 책에 소개된 정확한 분석과 다양한 사례들을 통해 한국교회에는 아직 희망이 있음을 발견합니다. <크리스천 인사이트>가 막막하고 답답한 한국교회에 새로운 인사이트를 주며 희망찬 한국교회를 만들어나가는 데에 좋은 도움이 되기를 기대합니다.

대한예수교장로회 합동 총회장 **권순웅 목사**

서문

'뉴노멀'이란 단어의 등장과 함께 한국교회 역시 시대의 변화에 따른 새로운 기준을 요청받게 되었다. 급변하는 사회 환경 속에서 '과연 한국교회가 어떻게 변화되고 무엇을 준비하고 실천하여야 할 것인가?'라는 질문이 쏟아졌다.

이렇게 새롭게 변화된 상황 가운데 한국교회와 목회자가 변화에 이끌려가는 것이 아니라 변화를 이끌어가는 주체가 될 수 있도록 '대한민국 목회 컨퍼런스'를 기획하게 되었다. 지난 2년 동안 목회자가 사람과 세상, 그리고 미래에 대한 깊은 이해와 통찰력을 갖도록 실사례를 중심으로 한 다양한 강연을 담아냈다. 교회와 세상이 독립된 시공간에 따로 존재하는 것이 아니라 함께 연결되고 서로 끊임없이 소통되어야 한다는 점을 강조하고 싶었다. 세상과의 연결link을 만들어내는 것이 한국교회의 미래를 결정하는 중요한 요소라는 생각에서다.

'플랫폼'은 최근에 쉽게 접할 수 있는 단어이다. 컨퍼런스가 거듭 진행되면서 교회가 '플랫폼'이겠다는 생각이 들었다. 교회는 어떤 가치를 갖고 있는 개개인이 머무는 유무형의 공간으로 믿음의 공동체이기 때문이다. 목회는 성도의 가치를 제대로 발견하는 것에서부터 출발해야 하고 이를 위해서는 사람에 대한 바른 이해가 필요할 것이다. 또한, 그 가치를 묶어 세상과 소통할 수 있는 복음적인 콘텐츠를 생산하여 지역사회와 연결 link하는 교회가 미래에도 생존할 것이다. 컨퍼런스 강사님들도 교회가 사람과 세상, 미래에 연결되어 상호 간에 건강한 소통이 이뤄지기 위해서는 목회자가 가치를 발견하고, 공유하고, 연결하는 능력이 필요하다고 강조하고 있다.

앞으로 CTS는 '대한민국 목회 컨퍼런스'를 계속 개최하여 한국교회와 목회자가 사람, 세상, 미래에 대한 인사이트를 가질 수 있도록 할 것이다.

<크리스천 인사이트>는 지난 2년 동안의 강연 중 사람, 세상, 미래와 관련된 내용을 모아 정리한 강의이다. 또한 각 주제마다 건강하게 목회하고 있는 교회들의 사례를 추가하였다. 컨퍼런스가 주로 목회자 대상이었다면, <크리스천 인사이트>는 평신도까지 편하게 읽고 교회사역에 적용할 수 있도록 쉽게 정리하였다.

지난 2년 동안 전국을 다니면서 컨퍼런스를 개최한 미디어랩 박대훈

팀장과 팀원들, 전국 21개 지사 가족들, 데이터를 제공하고 강연에 참여해 주신 목회데이터연구소 지용근 대표님과 강사님들, 코로나19 팬데믹이 확산되면서 함께 컨퍼런스를 기획해 주신 박준서 부사장님, 진심 어린 조언을 해주신 변창배 부사장님과 최현탁 사장님, 무엇보다 항상 기도로 힘껏 지원해 주고 계신 감경철 회장님께 감사의 마음을 전한다. 하나님께 모든 영광을 올려드리며 <크리스천 인사이트>가 하나님의 나라가 실현되는 데 작은 보탬이라도 되길 기도한다.

CTS기독교TV 미디어부문장 **강경원** 전무

CONTENTS

COMMUNITY
CHURCH

CHRISTIAN

INSIGHT

사람과의 연결
커뮤니티 쳐치

COMMUNITY
CHURCH

1

1장 │ 사람과의 연결

세대간의 갈등, 세대차이는 대한민국을 넘어 전 세계가 고민하고 있는 문제 중 하나이다. 노년층은 MZ대의 자유분방함이 못마땅하고, MZ세대들은 '꼰대'같은 어른들의 생각이 이해되지 않는다. 중간에 끼인 3040세대 역시 그 어느 쪽도 편하지 않다. 최근 터진 '카카오톡 먹통 사태'는 이런 세대 차이를 확연하게 보여준 사건이었다. 이번 사태로 가장 어려움을 겪은 3040세대와 달리 전화나 대면이 더 편한 노년층과 SNS로 소통하는 MZ세대들은 큰 피해를 보지 않았다. 이렇듯 생각도, 소통방식도 너무 다르기에 무작정 서로 이해하고 협력하라는 건 어쩌면 불가능에 가깝다. 따라서 각 세대별로 그들을 이해하는 것이 우선되어야 한다. 그렇다면 갓난아기부터 노년층에 이르기까지 전 연령대가 어우러진 교회는 어떨까.

급변하는 세상에 발맞춰 교회도 달라져야 한다. 각 세대별 목회전략을 제시한 '사람과의 연결'에서는 각 세대별 목회전략을 제시하며 우리 사회의 세대 소통과 연합을 이끌어내고자 한다.

사람을 더 잘 이해하기

- 강남비전교회 한재욱 목사

인간 이해의 중요성

우리는 지금 포스트 코로나 시대이자 4차 산업혁명시대에 살고 있다. 어렵고 힘든 시기, 앞으로 교회는 어디로 달려가야 할까. 먼저 인간에 대한 이해를 하는 것이 중요하다. 사람은 '나는 누구이며 어디에서 와서 어디로 가는가'에 대한 확신을 얻는 '존재의 기쁨'을 가지고 있다. 이것은 인간이 가질 수 있는 최고의 기쁨 중 하나로, 복음 전도를 위한 중요한 요소이기도 하다. 이 세상 속에서 인간을 바로 이해하고 그들이 어떤 고독과 문제, 갈등을 가지고 있는지 알아야 복음을 전할 수 있기 때문이다. 뿐만 아니라 인간에 대한 이해는 현실적인 승리를 가져오게 된다. 사람들과 시대를 이해해야 그들이 무엇을 요구하고, 필요로 하고 있는지를 알아내 좋은 상품을 만들어낼 수 있는 것이다. 한 예로 스티브 잡스Steve Jobs [1] 가 아이패드를 출시하면서 남긴 "애플의 창의적인 IT 제품은 애플이 기술과 인문학의 교차점에 서 있기 때문에 가능하다"는 이 말 한마디로 전 세계적인 인문학 열풍이 일어나기도 했다. 이렇게 인문학을 통해 사람을 잘 이해하고 그에 맞는 제품을 만들어낸 애플은 승리하게 된 것이다. 지금 우리가 겪고 있고 함께 살고 있는 이 땅의 인간들은 어떤 생각을 가지고 어떤 모습으로 살고 있을까. 또한 이런 사람들에게 우리는 어떻게 복음을 증거할 수 있을까. 우리가 달려갈 길은 무엇인가.

'메타 사피엔스'의 등장…교회의 역할은?

책 <세계미래보고서 2021>에서는 인간을 '메타 사피엔스Meta Sapiens'[2] 라고 정의한다. 이 시대는 로봇과 인공지능을 통해 그 어느 때보다 편안해지고 속도가 빨라지며 전 세계적으로 초연결의 시대가 되고 있다. 그런데 사람에게 편안보다 중요한 것은 평안이다. 아무리 편안해져도 평안을 느끼지 못한다면 의미가 없다. 편안해진 인간이 겪고 있는 불편함과 고독, 어려움 속에 교회는 진짜 평강이 무엇인지 제공할 수 있는 귀한 안식처가 되어야 한다.

또한 빨라진 속도는 장점도 있지만 주변을 볼 수 없게 만들기도 한다. 기차가 빨리 달리면 길가에 핀 코스모스를 볼 수 없는 것처럼, 교회는 빨라진 속도 속에서 오히려 느린 템포로 이 시대가 놓치고 있는 풍경을 봐야 한다. 그리고 그것을 제공하는 따뜻한 교회가 되는 것이 지금 시대에 굉장히 중요한 요소이다. 이밖에도 인공지능과 로봇 등 인간 생활을 더욱 편리하게 해주는 기술력이 약자들에게 골고루 돌아갈 수 있도록 해야 한다.

자신의 방에 갇힌 사람들

그런데 여기서 중요하게 생각해 볼 것이 있다. 세상이 더 넓어질 것으로 예상했으나 모든 인간이 점점 더 방에 갇힌다는 사실이다. 우리는 코로나19와 4차 산업혁명을 통해 비대면 인터넷 문화를 경험했다. 집 안에서 많은 영상을 보면서 우리의 생각과 의식, 자아가 지극히 작은 방에 갇혀가는 것을 느낄 수 있었다. 미국의 정치 참여 시민단체 '무브온MoveOn'의 이사장인 엘리 프레이저는 '생각 조종자들'이라는 책에서 지금 시대 사람들이 '필터 버블Filter Bubbles'3 에 빠졌다고 설명했다. 그림을 보면 각자의 사람들이 스마트폰과 노트북, 태블릿PC등을 들고 무언가를 하고 있다. 마치 전 세계와 연결된 것처럼, 넓은 세계를 보여주지만 사실은 비눗방울 같은 '필터 버블'에 빠져 있다는 것이다.

물론 필터는 중요하다. 필터가 없다면 우리는 무한한 정보의 바다 속에서 무엇을 선택해야 할지 난감할 것이다. 예를 들어 대형 온라인 서점에서 책을 고르면 그 다음부터는 그 성향에 맞는 책을 계속 권해주는 것처럼, 편리한 서비스인 것은 분명하다. 그러나 이것은 다른 세계를 보지 못하고 나만의 세상에 갇힐 수도 있는, 양날의 검이 될 수 있다. 내 생각과는 다른 사람들의 이야기도 들어야 하는데 점점 '필터 버블'에 빠져 내가 좋아하는 것만 계속 접촉하게 된다는 것이다. 이와 비슷한 말로 '에코 체임버 효과Echo Chamber Effect'4 라는 것이 있다. 마치 목욕탕 같은 곳에서 큰 소리를 내면 그 소리가 크게 공명이 돼 내 귀에 다시 들어오는 것처럼, 내가 원하고 좋아

그림 1 필터 버블(Filter Bubbles)
출처 : NBC

하는 정보를 많이 얻게 되지만 반대로 그 정보에 갇히게 된다는 것이다. 사람들은 많은 정보를 접하기 때문에 넓은 사고를 하고 있다고 착각하고 그 정보가 전부라고 생각하며 점점 더 과감해진다. 인터넷의 세상은 넓고 개방적 소통이 강조되어야 하는데 오히려 '필터 버블'과 '에코 체임버 효과'를 통해 우리의 생각이 필터링 되어지는, 굉장히 좁은 방에 갇힌 사람들이 되어간다. 이렇게 우리는 인간 스스로 '필터 버블'과 '에코 체임버 효과'에 갇힐 수 있는 세상 속에서 살고 있다. 이렇게 자기 방에 갇힌 사람들은 창의력 결핍에 시달린다. 창의력은 내가 생각하지 못했던 낯선 것과 결합될 때 나오는 경우가 많은데 자신만의 생각에 빠진 나머지 창의력이 소멸되는 역방향 속에 살게 된다. 이런 가운데 성경은 우리에게 좋은 방향을 제시한다. 성경은 인간이 생각하지 못하는 하나님의 관점까지 보여준다.

　사회는 '필터 버블'과 '에코 체임버 효과'에 빠진 사람들에게 인문학적 사고를 가지라는 이야기를 많이 한다. 그러나 인간이 아무리 창의적인 생각을 하고, 자기 스스로를 깨는 망치와 도끼 같은 이야기를 나눈다고 해도 거기까지이다. 다 죄의 이야기이고 자신의 욕심이다. 하나님의 관점인 성경만이 '필터 버블'과 '에코 체임버 효과'에 빠진 우리 인생의 편협한 사고를 깨고 창의적인 사고를 하는 데 결정적인 역할을 한다. 그래서 4차 산업혁명 시대에 성경의 역할은 더욱 커져야 하고, 우리는 이 아름다운 전인적인 기능에 대해 전할 필요가 있다.

"속도보다 방향이 더 중요하다"

우리 인생은 방향을 잃고 소외되어 가고 있다. 사색보다 검색이 많고 정보의 홍수 속에서 신호와 소음을 분별하는 것이 어렵다. 뿐만 아니라 너무 빠른 속도 탓에 그 속도를 따라가지 못하는 사람들은 점점 더 방향을 잃어가게 된다. 세계적인 역사학자 유발 하라리의 '사피엔스^{Sapiens}'는 베스트셀러가 되어 전 세계인에게 큰 영향력을 미치고 있다. 우리는 분별할 필요가 있다. '사피엔스'에서 우리 인생은 방향을 잃은 '호모 데우스^{Homo}^{Deus}' [5] 가 되었다고 표현했다. 인간의 기술이 발전해 신의 경지까지 이르게 됐다는 것이다. 그러나 무한대의 힘을 가졌지만 어디로 가야할지 모르는 신처럼 무서운 신이 또 있겠는가. 그는 방향을 잃어버린 이 시대의 안타까움과 어려움에 대해 말하고 있다.

지금이 바로 기회이다. 이 방향을 잘 알려줄 수 있는 곳이 바로 교회이기 때문이다. 교회는 속도보다 방향이, 시계보다 나침반이 더 중요하다는 것을 가르쳐 줄 수 있다. 창세기부터 요한계시록까지 기록된 하나님의 길을 갈급한 이 시대에 알려줄 수 있는 좋은 기회가 왔다는 것이다.

소외되는 인간 '나는 누구인가'

뿐만 아니라 우리는 소외된 인간들이다. 점점 더 소외되어가고 있다. 이것이 중요하다. 이 시대는 빅데이터를 더 많이 가지고 있는 사람들이 이

기는 세상이다. 이것을 활용하고 현실에 적용하는 것에 따라 강자와 약자로 나뉜다. 따라서 그 빈부격차가 심해지고 있다. 빅데이터를 잘 이용하지 못하고, 변화의 속도에 따라지 못하는 사람들은 점점 더 소외되며 존재 가치에 대한 고민이 많아질 것이다.

이런 현상은 교회에 좋은 기회로 작용한다. 특히 코로나19라는 큰 고난 속에 사람들이 제일 많이 관심을 가진 분야는 바로 '자아'였다. 그 전에는 어떻게 하면 잘 살고, 잘 먹을 것인지에 대한 관심이 많았다면 고난이 닥치자 내가 누구인가에 대한 존재의 갈등이 많아졌다는 것이다.

다시 말하자면, 이것은 교회에게 최고의 기회이다. 내가 누구인지에 대한 질문에 가장 정확하게 말할 수 있는 것이 바로 성경이기 때문이다. 인문학은 명답 정도를 말해줄 뿐이지만 성경에는 정답이 있다.

'가상현실' 시대 진짜 '나'를 찾아서

또한 우리는 '가상현실', '메타버스'와 같은 사이버 공간 속에서 나의 아바타와 더불어 살아가고 있다. 특히 다음세대에겐 더욱 크게 다가온다. 우리 교회에 메타버스에서 옷을 팔면서 생업을 유지하는 성도가 있다. 가상공간에 아바타 옷을 놓고 광고하는 것을 보고 의아해했더니 "이것이 세상"이라는 답이 돌아왔다. 또 메타버스 전공자는 "가상현실의 성공은 그 속에 있는 나와 아바타가 얼마나 일치하고 공감하느냐에 따라 달라진다.

그 아바타를 진짜 나라고 여기게 되면 아바타에 돈을 쓴다. 옷도 입히고 좋은 자료도 주고 좋은 공연장에 가서 최고의 자리에 앉힌다. 아바타와 나의 일치성이 메타버스의 포인트"라고 설명했다.

지금 그런 시대가 와 있다. 그렇다면 진짜 아바타가 나인지 고민을 할 수밖에 없다. 여기에 인공지능이 제시하는 길에 대해 고민하고 질문하게 된다. 빅데이터를 활용하지 못하고, 가상현실 속에서 헤매며 인공지능보다 진짜 나를 찾고 싶은 인간 소외에 대한 갈등은 커져간다. 이것이 전도할 수 있는 기회라는 것이다. 사람들은 유발 하라리 등이 제시하는 인문학에서 '내가 누구인가'에 대한 답을 찾으려고 한다. 고민이 많은 이 시대에 제대로 된 답을 찾게 하는 것도 우리의 책임이다. 인본주의 인문학에 뺏겨서는 안 된다. 흔들리고 고독하고 괴로워하는 사람들에게 성경이 주는 정답을 가르쳐주는 귀한 사명이 우리에게 있다.

상품화되어 가는 사람들

그렇다면 이 시대를 살아가는 사람들에게 무엇을 강조해야 하는가. 유발 하라리는 인간을 데이터로 취급하는 '데이터교'가 등장했고 활용 중이라고 이야기하고 있다. 사람을 사람으로 보지 않고 데이터화한다는 것이다. 사람도 그냥 돈을 버는 데이터일 뿐이다. 그리고 인간들은 점점 더 상품화, 숫자화 되어 간다. 이것이 괴로운 것이다. 오규원 시인의 '프란츠 카프카'라는 시를 보면 이런 구절이 나온다. "샤를로 보들레르 800원. 칼 샌드버그 800원. 프란츠 카프카 800원. 이브 본노프와 1,000원. 시를 공부하겠다는 미친 제자와 앉아 커피를 마신다. 제일 값싼 프란츠 카프카" 이렇게 계속 사람의 이름을 부르며 가격을 집어넣는다. 제자와 함께 카페를 갔는데 메뉴판에 메뉴 대신 유명한 인문학자, 시인, 철학자들의 이름이 적혀 있고 가격도 매겨져 있다. 이 시인은 아마 프란츠 카프카를 좋아한 모양이다. 그가 800원이라면 자신은 얼마이고, 이름 없는 제자는 얼마인지 묻고 있다. 돈으로 계산할 수 없고 계량화할 수 없는 것을 상품화시키는 것이 이 세상이라는 것이다. 사람을 지위와 경제력, 명예로 판단하는 세상 속에 우리가 살고 있다.

우리는 하나님의 걸작품

"우리는 그가 만드신 바라 그리스도 예수 안에서 선한 일을 위하여 지으심을 받은 자니 이 일은 하나님이 전에 예비하사 우리로 그 가운데서 행하게 하려 하심이니라" 에베소서 2장 10절

하나님은 우리에 대해 이렇게 말씀하신다. '만드신 바라'의 헬라어는 '포이에마Poem'이다. 우리는 상품, 데이터가 아니라 하나님의 걸작품이라는 것이다. 그냥 던져진 것이 아니라 하나님의 세심한 고민 끝에 이 땅에 사명이 있어 보내어진 하나님의 걸작품이다. 이런 존재의 선언을 세상에 알

려줘야 한다. 그래서 힘과 용기를 줘야 한다. 지금 보이는 것은 우리 존재의 100% 중 10%밖에 되지 않는다. 겉으로 보이는 초라한 10% 때문에 90%의 가능성을 버리면 안 된다. 그런데 악한 마귀는 그것을 숫자화해서 끝없이 우리를 초라하게 만들고 있다. 이때 교회는 "너는 하나님의 형상대로 이 땅에 사명이 있어 보내진 하나님의 걸작품"이라는 것을 끝없이 강조해야 한다.

또한 "내게 줄로 재어 준 구역은 아름다운 곳에 있음이여 나의 기업이 실로 아름답도다" 시편 16편 6절 이라며 사명에 대한 말씀도 주셨다. 사람들이 보기에 크고 작은 일 같아도, 하나님 보시기엔 그렇지 않다는 것이다. 우리에게 사명이 있고, 주께서 주신 사명은 모두 아름답다는 이야기를 전해야 한다. 클래식 음악가는 힙합을 만들지 못하고 달이 태양이 부럽다고 제 몸을 불덩이로 태울 필요가 없는 것처럼 각자의 역할이 있는 것이다.

급변하는 세상…시대를 품는 교회

"잇사갈 자손 중에서 시세를 알고 이스라엘이 마땅히 행할 것을 아는 우두머리가 이백 명이니 그들은 그 모든 형제를 통솔하는 자이며" 역대상 12장 32절

리더에 대해서도 살펴봐야한다. 과거 잇사갈 지파가 리더가 될 수 있었던 이유는 시세를 알았기 때문이다. 그 이야기는 시대를 알았다는 의미

이다. 시대와 인간을 이해하고, 환경과 신앙인들이 어떻게 행할지 안 사람들이 잇사갈 지파인 것이다. 하나님은 그런 사람들에게 리더의 자격을 주신다. 요즘 시대는 급변하고 있다. 이 시대를 이끌어가야 하는 교회는 이런 시대를 이해해야 한다. 공감하고 적응해야 한다. 이 시대가 품지 못하는 아픔과 소외, 어려움과 갈등을 끌어안고 품어야 한다. 그리고 앞서가야 한다. 교회의 사명이 많기에 더 기뻐야 한다. 내가 누구인가를 깊이 묻는 시대가 다가왔을 때, 성경적인 답변을 준비하여 그들을 위로한다면 교회는 더욱 아름다운 존재로 이 시대에 서게 될 것이다. 변하지 않는 하나님의 말씀을 가지고 있는 우리는 변하는 세상을 이길 수 있다. 가장 확실한 한 가지, 변하지 않는 그것을 굳건히 잡았을 때 변하는 세상을 이기는 힘이 생긴다.

그것을 잘 보여주는 것이 바로 유대인들이다. 유대인들은 그 어느 때를 만나도 리더가 되고 창의적인 생각을 하며 최고의 존재가 되어 세계를 이끌어가고 있다. 지금도 마찬가지. 구글의 설립자인 세르기에 브린 Sergey Brin 과 페이스북의 마크 저커버그 Mark Zuckerberg 등은 변하지 않는 하나님의 말씀을 붙잡고 4차 산업혁명 시대에 세계를 이끌고 있다. 우리도 급변하는 세상 속에서 변하지 않는 하나님의 말씀을 붙잡을 때 승리하게 될 것이다.

존경하는 선배 목사님의 간증을 전하며 마무리를 하고자 한다. 이 목사님이 시골 목회를 하실 때의 일이다. 한 분이 아버지의 묘를 이장해야 한다며 목사님을 찾아왔다고 한다. 장례 예배를 드리기로 한 날, 하필 날씨가 어둡고 습기가 많았는데 무덤을 파 보니 시신이 반만 썩었던 것이다. 말도 못하게 심한 냄새가 풍겼고, 벌레들도 굉장히 많았다고 한다. 벌레들을 치우고 또 치워도 계속 들러붙자 인부들조차 도저히 못하겠다며 도망갔고 망연자실한 상주가 목사님을 쳐다봤다고 한다. 어쩔 수 없이 목사님이 그 시신 앞에 서서 '주님 제가 왜 이 일을 해야 합니까, 너무 무섭습니다'라고 기도를 드렸는데, 갑자기 벌레들이 모두 도망갔다. 그 구름 많던 하늘에 햇빛이 모습을 드러냈기 때문이다. 그때 목사님은 어둠을 물리치는 것은 빛밖에 없다는 사실을 깨달았다고 한다.

어둠의 벌레, 무덤 벌레들은 다시 붙는다. 어느 시대나 그렇다, 이것을 이기는 것은 영원한 진리의 빛이자 생명의 빛, 하나님의 빛밖에 없다. 그 빛이 가득할 때 어둠은 사라지게 된다. 빛이자 진리이신 하나님을 믿고 따르는 것은 우리의 특권이자 영광이다. 빛의 자녀로서 아름답게 승리하는 우리가 되길 주 예수의 이름으로 축원한다.

코로나19 이후 세대 변화
- 목회데이터연구소 지용근 대표

텅 빈 예배당…사라진 교인들

코로나19가 발생하기 이전과 비교했을 때 교회의 가장 큰 변화는 현장 예배자가 줄었다는 점이다. 현재도 네 명 중 한 명은 온라인 예배를 드리고 있다. 더 큰 문제는 주일학교. 예전에 100명이 출석했다면 지금은 50명도 안 될 정도로 눈에 띄게 줄어 각 교회마다 심각한 어려움을 겪고 있다.

온라인 예배자들의 현주소

이런 현상의 배경에는 온라인 예배가 있다. 코로나19로 온라인 예배가 본격적으로 도입되면서 현장 예배를 드리지 않게 된 것. 특이한 점은 현장 예배자들보다 현격하게 신앙 수준이 약화됐음에도 불구하고 예배 만족도가 비슷하다는 점이다. 온라인 예배자들의 '이 정도면 괜찮지'라는 생각이 이런 결과를 초래한 것이다. 그렇다면 주일학교는 왜 위기일까.

부모 따라 교회 온 아이들…부모 따라 교회 떠난다

현재 개신교는 가족 종교화가 되어 있다. 중고등생 기준으로 교회에 출

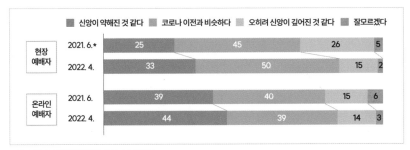

그림 2 코로나19 이전 대비 신앙 수준 변화
출처 : '코로나19이후 한국교회 변화 추적조사 보고서', 예장통합/목회데이터연구소/(사)한국기독교언론포럼, 2021

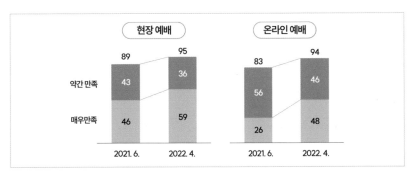

그림 3 예배유형별 지난 주일예배 만족도
출처 : '코로나19이후 한국교회 변화 추적조사 보고서', 예장통합/목회데이터연구소/(사)한국기독교언론포럼, 2021

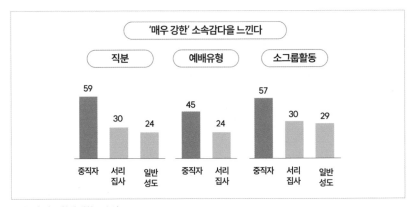

그림 4 출석 교회에 대한 소속감
출처 : 기독교 통계(147호)– 한국교회 코로나 추적조사(4차) 결과2

석하는 아이들의 60%가 모태 신앙이고, 주일학교에 출석하는 아이들은 교회에 출석하기 시작한 시기가 부모의 영향이 큰 미취학 시기 이전인 경우가 80%이다. 이는 그만큼 부모의 영향이 크다는 것을 보여준다. 현장 예배 대신 온라인 예배를 드리는 부모가 늘어날수록 주일학교에 위기가 찾아오는 이유이다.

부모세대를 잡아라

따라서 교회의 중심이 되는 부모세대, 3040세대를 향한 목회전략이 필요하다. 많은 교회가 3040세대에 대해 연구하고 공동체성을 강화시키려 노력하는 이유는 공동체성이 결국 교회 소속감이기 때문이다.

'현재 다니는 교회에 얼마나 소속감이 있는가'를 묻는 조사에 '매우 강하다'고 응답한 사람들을 분석해 보니 온라인 예배자보다 현장 예배자가, 현장 예배자보다 교회 소그룹에 정기적으로 참석한 사람이 더 높게 조사됐다. 이것은 교회 내 소그룹이 굉장히 중요하다는 의미로 해석된다.

'몰라큘 라이프'…소그룹에서 길을 찾다

소그룹이 주는 효과는 무엇이 있을까. '정서적인 지원', 다시 말해 내 이야기를 들어주고 같은 고민을 하는 다른 사람의 이야기도 들을 수 있는 공감대 형성이 소그룹의 가장 큰 강점이다. 예를 들어 사춘기를 겪고 있는 중학생 자녀를 둔 학부모 모임을 교회에서 한다면 어떻게 될까. 같은 고민을 하는 학부모들이 동질감과 공감을 형성하며 자주 모이게 될 것이고 이것은 교회 소속감으로 자연스럽게 연결될 것이다.

코로나19가 한창일 때 모임을 자제하라며 식당과 카페, 교회의 문을 모두 닫게 했음에도 불구하고 친한 사람들은 만남을 이어왔다. 문을 연 카페나 식당이 없으면 집에라도 불러서 교제했다. 이런 현상을 '몰라큘 라이프Molecule Life'[6] 라고 할 수 있는데 많은 인원이 아닌, 공통적인 주제로 얽힌 가장 친밀한 최소한의 구성원 만남은 지속된다는 의미이다. 이것이 바로 요즘 시대의 트렌드이다.

질문내용	그렇다	그렇지않다
1. 나는 교회에서 은퇴했더라도 여전히 교회의 정책 결정에 참여하고 싶다.	39.6	54.3
2. 나는 아직 교회에서 일을 할 만큼 신체적, 정신적 능력이 된다.	40.2	53.3
3. 나는 건강이 허락되는 한 교회에서 주어진 사역을 적극적으로 하고 싶다.	50.3	43.9
4. 나는 늦은 나이지만 평신도 선교사로 나가고 싶은 마음이 있다.	13.5	78.7

그림 5 교회에서의 역할(70-80대 고령층 대상)
출처 : 한국교회 트렌드 2023, 규장

'액티브 시니어'…우리에게 은퇴란 없다

또한 노년층에 대한 관심도 절대적으로 필요하다. OECD 평균 고령화 속도는 2.2%이지만 한국은 4.4%까지 치솟으며 전 세계에서 고령화 속도가 가장 빠른 나라가 됐다. 이 속도대로라면 2047년에는 전 세계에서 우리나라가 가장 늙은 국가가 되고, 2070년에는 우리나라 전체 인구 중 고령 인구가 46%에 육박하게 된다. 은퇴하고 할 일이 없어졌지만, 집에만 있기엔 답답하고 아직 활동하기에 충분한 체력을 가지고 있는 어르신들이 대부분이다. 따라서 그들을 위한 성경 모임이나 등산 모임 등 동질적인 그룹을 만드는 것이 굉장히 효과적이다. 은퇴 교인들을 대상으로 '직분 은퇴 후 교회 역할 변화에 대한 인식'에 대해 조사한 결과, 40.2%가 '나는 아직 교회에서 일할 만큼 신체적, 정신적 능력이 된다'고 답했으며, 70세 이상의 13%는 '건강이 허락되는 한 기회가 된다면 평신도 선교사로 나오고 싶다'는 반응도 보였다.

이것이 바로 갈렙과 같은 '액티브 시니어Active Senior'[7] 이다. 초고령화사회를 앞두고 있는 지금 자기계발과 여가활동, 새로운 관계 맺기에 적극적으로 임하는 '액티브 시니어'가 더욱 증가할 것으로 예상되는 가운데 이들을 교회 사역의 인력으로 사용할 수 있을 것이다. 또한 60세 이상 어르신들을 대상으로 조사해 본 결과 가족보다 목회자를 더욱 의지하고 있다는 점도 중요한 부분이다.

코로나19로 교회에는 많은 변화가 일어났다. 더불어 다음세대와 부모세대, 그리고 시니어 세대까지 기존의 모습과는 다른 양상을 보이고 있다. 이것이 바로 앞으로의 한국교회 목회 방향성과 다양성에 집중해야 할 이유이다.

다음세대 부흥을 위한 대담한 피보팅(Pivoting)

– 꿈이있는미래 주경훈 소장

"내 아이가 변하길 원한다면? 내가 먼저 달라져야 한다!"

기독교 다음세대 교육 현장에 위기를 초래하는 요인은 세속적 세계관의 확장, 학생 수의 하락, 교육 교재의 부실 등 외적 요인이 아니다. 바로 내부적인 요인이다. 우리가 추구하는 기독교 교육의 본질은 아이들이 예수님을 만나 인생이 완전히 바뀌어 그리스도의 제자가 되도록 만드는 것이다. 그리고 그 변화는 이미 예수를 전인격적으로 만난 사람을 통해서 일어난다. 아직 예수를 만나지 못한 사람이 이미 예수를 만난 사람을 통해서 변화가 일어난다. 지금의 문제는 앞선 세대의 신앙의 차가움에 있다. 다음세대 변화를 원한다면 우리가 먼저 달라져야 한다. 우리에겐 조금 불편해도 다음세대가 원한다면, 그리고 그것이 예수 그리스도를 만나고 복음을 경험하는 더 좋은 통로라면 우리는 달라질 마음이 있는가. 지금 우리는 그 싸움을 하고 있다.

급변하는 교육 생태계… 다가올 미래를 준비하라

미래학자 앨빈 토플러Alvin Toffle 는 한 부족의 이야기를 소개한 적이 있다. 물고기를 낚는 것을 업으로 삼았던 한 부족이 있었다. 이들은 자녀들에게 물고기 잡는 법을 알려주었는데, 얼마 되지 않아 전멸했다. 왜냐하면 강 상류에 댐이 만들어지고 있었기 때문이다. 하류에서 물고기 잡는 법을 자녀들에게 열심히 알려줬던 이들이 한 가지 놓친 것이 있다. 바로 다가올 미래를 준비하지 못한 것이다.

지금 우리의 상황이 그렇다. 이미 댐이 완공됐는데 우리는 여전히 강 하류에서 고기 잡는 법만 알려주고 있다. 아이들의 교육 생태계는 완전히 달라졌다. 전문가들이 준비 없이는 새로운 목회 세상을 대체할 수 없다고 입을 모아 말하는 이유이기도 하다. 따라서 아이들이 예수님과 더욱 가까이 만날 수 있는 방법이 있다면 기성세대인 교사와 목회자, 부모가 변해야 한다.

'디지털 세대'··· 올라인All Line 콘텐츠로 공략하라

주일학교의 위기는 코로나19 이전부터 계속 제기되어 왔다. 그러다 코로나19가 터지면서 10년 후쯤 겪을 참사의 현장을 미리 맛보게 된 것이다. 그렇다면 지금 우리에게 중요한 것은 무엇인가. 주일학교를 코로나19 이전의 모습으로 되돌려 놓는 것이 아니라, 본질을 붙잡으면서도 인격적인 소통이 일어나는 교육을 시작해야 한다. 급변한 교육 환경에 따라 어떤 방향으로 가야하는지 고민해야 할 때다. 요즘 아이들을 포노 사피엔스Phono sapiens [8] 라고 한다. 태어날 때부터 스마트폰과 거의 한 몸이다. 다음세대와 친밀감 있는 소통을 위해서는 그들의 소통 도구를 활용해야 한다. 팬데믹Pandemic 이후에 많은 교회에서 온라인 예배를 시도하고 있다. 다음세대에게 다가가기 위한 좋은 노력이라고 생각된다. 이제는 온라인에 실재감을 불어 넣어야 한다. 온라인 콘텐츠를 제공하는 것에 그치는 것이 아니라 그것을 통해 예배의 실재감, 하나님과 실제로 만나고 있는지를 점검하는 것이 더 중요하다.

저출산으로 주일학교도 위기

2020년 우리나라는 '인구 데드크로스'[9] 현상을 겪었다. 합계 출산율이 0.84명으로 앞으로 출산율은 계속 낮아질 것이다.

이런 미래를 준비하지 않는다면 재앙이 다가올 수 있다. 주일학교도 마찬가지다. 2020년 기준으로 우리나라에서 태어난 아이는 27만 여 명이었다. 3살이 된 이 아이들 중 교회에 다니는 아이들은 국가 조사 기준으로 10% 정도이다. 우리나라에 통계로 잡힌 교회만 5만 5천 여 개가 되니 두세 교회당 아이 한 명이 오게 되는 것이다. 교회에서 조사한 통계로 따지면 상황은 더욱 심각하다. 코로나19 직전의 통계를 봐도 우리나라 교회 가운데 영아부가 없는 교회가 80%에 육박한다. 주일학교를 제대로 운영하지 못하는 교회도 65%나 된다. 그나마 운영하고 있는 교회도 현상 유지하는 게 쉽지 않다. 지금은 교회 밖에 있는 아이들을 교회 안으로 전도하지 못하는 어려움도 있지만, 더 큰 위기는 교회 안에 있는 다음세대를 제대로 지켜내지 못하는 데 있다.

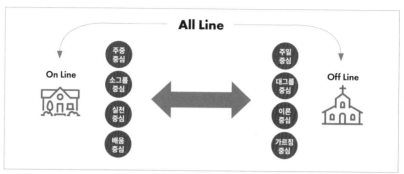

그림 6 On line 사역이 아닌 All line 사역

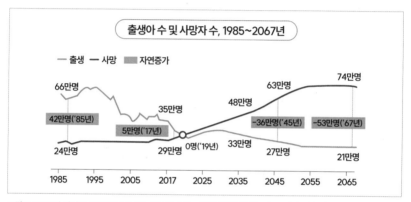

그림 7 2020년 시작된 인구 데드크로스. 2067년에는 사망자가 출생자보다 53만명 이상 많을 것으로 전망된다.
출처 : 2017~2067년 장래인구추계, 통계청, 2019

	우리나라 인구			교회(주일)학교 학생수 증감
	2010년	2019년	증감률	
유치부(만5세~만6세)	908,899	881,845	-29.8%	-32%
유년부(만9세~만8세)	988,763	966,130	-2.3%	-32%
초등부(만9세~만10세)	1,200,233	922,218	-23.2%	-34%
소년부(만11세~만12세)	1,261,947	965,160	-23.5%	-42%
중고등부(만13세~만18세)	4,222,415	2,907,136	-31.1%	-39%

그림 8 최근 10년간 교회(주일)학교 학생 수 증감률 추이 (2010~2019년)
출처 : 목회데이터 연구소 넘버즈 67호

교회를 떠나는 아이들

문제는 여기서 끝이 아니다. 바로 다음세대가 교회를 떠난다는 더 큰 문제가 기다리고 있다. 단순히 인구가 줄기 때문에 아이들이 없는 게 아닌, 교회 안에 아이들을 담아두지 못하는 구멍이 생겨나고 있는 것이다. 그렇다면 우리는 먼저 그 구멍을 막고, 어떻게 아이들을 교육해야 할지 고민해야 한다. 그런 의미에서 다음세대를 위한 대담한 피보팅Pivoting 10 을 해야 한다고 말하고 싶다. 우리는 지금 본질을 굳게 지키고 상황에 맞게끔 빠르게 움직이며 사역해야 하는 시대에 살고 있다. 따라서 가장 먼저, 코로나19가 발생하기 이전으로 돌아가는 것Return 이 아니라 과감하게 다시 시작Restart 해야 한다. 그리고 관리가 아닌 돌봄을 시도해야 한다. 아이들의 믿음이 어떤지, 정말 신앙적으로 살고 있는지, 어떤 고민이 있는지 살피고 그들의 영혼을 위해 눈물 흘리는 돌봄이 필요하다. 그리고 이 돌봄은 우리에게 오라고 하는 것이 아닌, 우리가 그들의 삶으로 들어가야 하는 것이다. 기꺼이 학교로, 가정으로, 학원으로 찾아가 아이들을 만나야 한다.

가정과 교회가 연합해야 믿음의 대가 끊이지 않는다

다음세대 교육에 있어서 원안이 대안이 되어야 한다. 성경에서 끊임없이 말하고 있는 교육은 가정과 부모가 축이 되어 아이를 예수님의 제자로 키우는 것이다. 교회는 부모가 그 사역을 감당할 수 있도록 도와주고 협력해야 한다. 그래서 '꿈이있는미래'에서는 8년째 가정과 교회를 연결하는 세대통합 교육을 진행하고 있다. 처음에는 어려움이 많았지만 지금은 콘텐츠를 함께 공유하고 지혜를 나누는 교회가 5천 여 곳이나 된다. 마크 드브리스Mark DeVries 는 '영적 미성숙보다 자녀와 부모 세대의 신앙 단절이 더 큰 문제'라고 지적했다. 다음세대는 계속해서 줄어들 것이다. 주일학교가 제대로 운영되지 않을 수도 있다. 하지만 가정과 부모가 믿음 안에서 살아 있고, 교회가 함께한다면 우리 아이들은 믿음의 세대가 될 것이다. 실제로 우리 교회 안에서 가정예배를 드린 후 아이들과의 관계가 회복되고 주님 안에서 더욱 끈끈해졌다는 이야기를 전해들은 바 있다.

'부모 세대'의 거듭남

부모인 X세대[11] 와 밀레니얼 세대Millennial Generation [12] 는 주일학교의 부흥을 온몸으로 경험한 세대이다. 가장 뜨거웠던 시절을 보냈지만 믿음을 지키고 살기에 어려운 시대를 살고 있고, 자녀를 키우며 영적으로도 많이 힘든 게 사실이다.

그들은 자녀들을 위해 먼저 거듭나야 한다. 복음 안에서 거듭나야 하고, 교육관이 변화되어야 한다. 믿음은 좋지만 교육관이 바뀌지 않으면 세상 방법을 가르치기 때문이다. 여전히 대학과 학력이 우선인 것이다. 그래서 '꿈이있는미래'에서는 부모 세대를 위해 결혼 준비학교부터 신혼부부학교, 엄마와 아빠 학교와 죽음학교인 천국 여행 가이드까지. 다양한 연령 대별 교육을 진행하고 있다.

대면을 위한 통로가 되는 온라인 사역

현재 '꿈이있는미래'는 '로블록스ROBLOX'와 '젭ZEP' 이라는 메타버스 플랫폼을 활용하고 있다. 젭을 통해서는 매 주일 예배, 소그룹, 활동, 주중 교육이 가능하다. 로블록스에는 꿈미 [13] 교재인 드림 웨이브DREAM WAVE 커리큘럼에 맞추어 구속사적인 관점에서 성경의 주요 스토리를 담아 두었다. 아이들은 성경 속 이야기들을 게임으로 플레이하며 주중에 메타버스에서 성경을 예습하고, 공과공부를 복습할 수 있다. 아이들과 주중에도 연결되기 위해 메타버스를 활용하지만, 가장 중요한 개념은 '온라인은 대면을 위한 통로'라는 것이다. 온라인은 종착지가 아니다. 대면으로 오기 위한 징검다리가 온라인인 것이다. 메타버스 공간에 우리 교회 공간을 분양 받고 싶으나, 방법을 알지 못해 실행을 하지 못하는 교회들이 많은 것으로 알고 있다. '꿈이있는미래'는 '쉐어 처치Share Church' 사역을 통해 도움이 필요한 교회들에 무료로 메타버스 교회 분양을 해주고 있다. 도움이 필요한 교회들에서는 참고하면 좋을 것이다.

그림 9 드림웨이브 로블록스

그림 10 젭 메타버스 플레이 화면

오직 교회만이 할 수 있는 '세대 연결'

결국 틀을 깨야 한다는 의미이다. 피보팅이 이뤄져야 하고 과감한 연결이 필요하다. 교육은 연결이다. 다음세대를 건강하게 하기 위해서 부모세대, 나아가 조부모세대를 건강하게 만들어야 한다. 다시 말해, 다음세대의 문제는 담당 사역자만의 문제가 아닌 교회 전체의 문제가 된다는 뜻이다. 세대를 연결하는 것은, 오직 교회만이 할 수 있다. 전 세대가 한 번에 동일한 말씀을 듣고 교육받는 기관은 교회밖에 없기 때문이다. 교회만이 세대 간의 갈등을 해소하고 통합을 이룰 수 있다고 믿는다.

급변하는 시대, 변치 않는 복음을 전하자

다음세대 교육을 위해 가장 중요한 것은 변하는 시대 가운데 변하지 않는 복음을 전하는 것이다. 그러기 위해 변하지 않는 진리를 어떻게 가르칠 것인지 내용적인 측면을 정리하는 것과 이 세상이 어떻게 변하고 있고 과연 기독교 교육이 대응을 하고 있는지 살펴보는 것이 중요하다. 그래서 '꿈이있는미래'에서는 전 세계를 하나로 엮고, 아이들이 살아가는 공간과 생태계의 통합을 강조하는 원 포인트 통합 교육을 진행하고 있다.

한 명의 소중한 영혼을 위해

다음세대 교육에 대해 덧붙이자면, 과거 한 명의 교사가 다섯 명의 아이를 교육했다면 이제는 다섯 명이 한 명의 아이에게 집중해야 한다. 이것이 가능해진다면 이 아이는 교회에 뿌리를 내리게 된다. 그렇다면 그 다섯 명은 누가 될 것인가. 교사와 부모, 아이가 속해 있는 부서 사역자와 부모 교구 담당자, 그리고 담임목사까지. 한 아이를 위해 계속 축복해주고 관심을 가져준다면 아이는 교회 안에서 자존감이 높아지고 내 교회라는 인식을 갖게 된다. 다음세대를 위해 큰 재정과 변화만 필요한 것이 아니다. 이 다섯 사람만 연결이 된다면 우리 아이들은 그 안에서 자연스럽게 믿음으로 살아가게 될 것이다.

"사람을 낚는 어부가 되게 하리라"

다음세대 부흥을 위해 큰 재정도, 조직의 큰 변화도 필요하지 않다. 다음세대에 대한 열정만 있다면 얼마든지 길과 방법은 있다. 예수님께서 우리를 사람을 낚는 어부가 되게 하겠다고 하셨다. 우리는 지금 수족관에 있는 물고기 몇 마리를 다스리는 사람들이 아니라 망망대해 가운데 있는 수많은 다음세대를 향해 나아가야 한다. 그들이 있는 공간으로 나아가야 한다. 그러기 위해서 우리에게 전략과 연결이 필요하다.

3040 마음을 사로잡다

- 멀티꿈의교회 안희묵 대표목사

한 교회가 마을로 들어가 거룩한 도시를 만들다

1896년 기독교 한국침례회 교단에서 제일 먼저 세워진 공주침례교회. 긴 역사 속 100주년을 맞이했을 때 그곳에 부임했고, 이후 '공주 꿈의교회'로 새로운 역사를 써 내려 가게 됐다. '공주 꿈의교회'를 시작으로 대전과 세종, 글로리 채플교회와 새로운 꿈의교회, 외국인을 위한 글로벌 교회까지 총 여섯 개의 '멀티꿈의교회'가 세워졌다. 각 교회가 재정과 행정이 독립된 독립교회이지만 한 비전과 사명으로 함께하고 있는 교회이다. 공주와 대전 교회는 전 세대를 대상으로, 다른 교회는 지역과 도시의 특성을 따라 동일한 비전으로 목회를 하고 있다.

10년의 준비…약속의 땅 세종

'세종 꿈의교회'는 어떤 비전을 가지고 세워졌을까. 2004년 세종시가 세워진다는 뉴스를 듣고 '2014 여호수아 비전', 즉 세종시에 교회를 세우자는 비전 아래 10년을 준비했다. 10년 뒤 공주에서 함께 온 두 가정과 함께 조그만 상가를 빌려 카페를 만들고 그 카페에서 교회를 시작했다. 얼마 전 '세종 꿈의교회' 창립 10주년을 맞이해 7천 명 정도 들어갈 수 있는 공간을 가득 채운 교인들과 감사 예배를 드리기까지 모두 하나님의 은혜였다. 20년 전부터 세종시를 위해 기도했던 이유는 세종시가 젊은 도시이기 때문이다. 세종 지역은 타지역에 비해 인구 유입률이 높다. 7만 명에서 현재 39만 명이 될 정도로 타지에서 많은 사람이 이사를 오는 신도시이다. 또한 타 도시에 비해 합계 출산율이 굉장히 높다. 연령별 인구 구조를 보면, 2020년 기준으로 세종시의 평균 연령은 37.7세. 3040세대가 대부분인 젊은 도시이다. 따라서 3040세대와 MZ세대에 맞는 목회 비전과 마인드, 전략이 반드시 필요한 곳이다.

속도보다 방향, 열심보다 핵심!

이 모든 일을 진행하는데 있어서 중요한 것은 현재 우리가 어떤 시대를 살고 있는지 아는 것이다. 아파서 병원에 가도 바로 약을 주지 않고, 철저히 검사하고 진단한 이후에 치료를 시작한다. 우리가 아무리 좋은 비전과 사명을 갖고 있어도 현재 우리가 살고 있는 시대가 어떤 시대인지 제대로 파악하지 못한다면 제대로 된 목회를 하지 못한다. 열정은 있지만 핵심을 잡지 못하는, 속도를 내지만 방향은 잘못된 목회를 하게 된다. 그래서 지금은 방향과 핵심을 먼저 잡고 목회를 해나가야 한다.

먼저 안 것이 오류가 되는 시대

　우리가 살고 있는 지금 시대는 4차산업혁명 시대이다. 4차산업혁명은 '초지식, 초연결, 초융합'이라는 키워드를 가지고 있다. 기존의 사고방식과 경험이 새로운 시대를 가로막는 장애물이 되고 있다. 이 시대를 이끌어 가고 있는 3040세대와 MZ세대를 이해하고 싶다면 임홍택 작가의 '90년생이 온다'라는 책을 참고하길 바란다. 이 책을 보면 먼저 안 것이 오류가 되는 시대라는 걸 깨닫게 된다. 내가 남들보다 먼저 알고 있었던 것이 지금은 틀린 것이 될 수 도 있는 시대라는 의미이다. 그런데 오늘날 많은 목회자와 앞서간 세대들이 자신이 알고 있는 지식이 오류가 되는지 모르고 젊은 세대에게 강요하는, 흔히 말하는 '꼰대'가 되어 서로 말이 안 통한다고 답답해한다. 나에게 30대 초반의 아들 둘이 있는데, 내가 낳은 자식임에도 불구하고 생각하는 접근 방법부터 다르다. 생각해서 내리는 결론이 다르고, 출발점이 다르다. 그래서 언제부터인가 그들에게 배우기도 하고 의견을 묻는다. 섣불리 가르치려고 하지 않고 그들의 의견을 존중한다. 기존 개념과 상식, 생각을 뛰어넘는 시대. 현실과 가상현실이 뒤엉킨 시대. 초지식이 지배하는 시대에서 먼저 안 것을 진리라고 주장한다면 도태될 수밖에 없다. 따라서 수용성 있는 목회를 해야 한다. 내가 모르는 것을 기꺼이 배우고 고칠 수 있는 것이 진짜 능력이라고 생각한다.

3040세대가 원하는 건 참견 아닌 참여

두 번째는 초연결이다. 지금은 온라인과 오프라인이 연결되어 있다. 세계 경제가 연결되어 있고, 사람들이 연결되어 있다. 미국 금리가 오르면 전 세계가 난리가 난다. 우크라이나에서 전쟁이 났는데 전 세계 물가가 요동친다. 이처럼 모든 게 연결되어 있기에 나 홀로 외딴 섬처럼 존재할 수 없다. 요즘 3040세대와 MZ세대들은 참견이 아닌 참여를 원한다. 어른들의 참견이 아닌 자기들이 좋아하는 일에 참여해 연결되기를 원하고 있다는 점을 꼭 기억해야 한다. 그들이 교회 안에 들어와 참여하고 함께 할 수 있는 사역을 개발해야 한다.

당연했던 것이 더 이상 당연하지 않은 시대

세 번째 키워드는 초융합이다. 우리는 지금 자신이 원하는 게 자신의 성이라고 주장하는 말도 안 되는 시대를 우리는 살아가고 있다. 어떤 것이 남자이고, 여자인지 다 뒤엉켜 버리는 시대, 그래서 영적 분별력이 굉장히 중요한 시대다. 그동안 우리가 당연하다고 생각했던 것들이 전혀 당연하지 않은 시대가 4차 산업혁명시대이다. 우리는 이런 시대 어떻게 목회해야 할까. 이 시대를 분별하는 지혜가 필요하다.

MZ세대를 알아야 목회 방향이 보인다

특별히 MZ세대에 대해 알아볼 필요가 있다. 그들은 태어날 때부터 숫자로 된 시계를 보고 살았기에 아날로그 시계 보는 방법을 모르는 아이도 간혹 있다. 아날로그 시대를 살았던 사람들 입장에서는 이해할 수 없지만, 디지털 시대에 살아가는 그들에게는 당연한 거다. 당연한 것이 당연하지 않고 생각하는 방식이 다른 것 뿐이다. 어른이라고 대접받고, 나이 들었다고 인정받고, 목사라고 무작정 존경받는 시대는 끝났다. 목사라는 직책이 중요한 것이 아니라, 목사의 역할이 중요하다는 패러다임으로 바뀌지 않으면 영향력 있는 목회를 할 수 없다. 또한 개인주의적 성향을 가지고 있는 MZ세대들은 자신들이 존중받기를 원하고 있다. 가르치려는 꼰대들을 싫어하고, 현재 지향적인 성향을 갖고 있으며, 꿈과 비전을 가지라는 말도 깊이 와닿지 않는다. 한 때 유행했던 '세상은 넓고 할 일은 많다'도 옛말이 되었다. MZ세대는 쉬운 길을 찾아다니고 미래보다는 당장 오늘의 나의 행복과 즐거움이 우선시되는 세대다. 이런 현상은 신학생들에게도 있다. 교회에 가서 사역을 배우는 것보다 카페 가서 일하고 돈을 버는 것이 더 쉽다고 생각하는 시대가 되었다. 한국교회의 미래가 암울한 이유이다.

목회데이터연구소에서 발간한 <한국교회 트렌드 2023>[14] 책을 보면, MZ세대의 신앙에 대해 신앙도 있고 영적이지만, 제도화된 교회에 들어가고 싶지 않아 한다고 설명한다. 그렇기 때문에 온라인 예배에 만족하고, 하이브리드 신앙에 만족하는 거다.

이들은 손가락 하나로 자신들이 원하는 걸 다 하지만 그렇다고 온라인에만 머물러 있지 않는다. 오프라인 참여를 통해 연결돼 의미와 경험을 추구한다. 자신들의 공통된 관심사나 주제가 있으면 기꺼이 모인다. 그들이 소그룹 공동체를 굉장히 중요하게 생각하는 이유이다. 이런 MZ세대가 원하는 신앙의 스타일을 알아야 MZ세대를 위한 목회와 교회를 만들어 갈 수 있다.

영적 플랫폼이 되는 교회

MZ세대가 교회를 떠나는 결정적인 이유는 똑같이 반복되는 획일화된 예배에 참석하는 것이 의미가 없다고 생각하기 때문이다. 결국 이들이 찾아오는 교회가 되려면 삶을 관통하는 말씀과 복음밖에 없다. '한국교회 트렌드 2023'에 보면 교회는 애플리케이션형이 아닌 플랫폼형으로 변화되어야 한다고 말한다. 교회가 정거장처럼 서로를 연결해주고 그 안에서 변화가 될 수 있도록 가르쳐주는 등 영적 플랫폼이 되어야 한다는 의미이다. 그래서 나는 코로나19가 시작되고 얼마 되지 않아 '새로운꿈의교회'라는 교회를 세워 '미래적 교회', '선교적 교회', 그리고 '영적 플랫폼이 되는 교회'라는 비전을 선포했다. 그 안에서 그들이 원하는 것을 맞춰주면서 말씀과 복음으로 그들의 영적 변화가 일어날 수 있도록 노력하고 있다. MZ세대는 자신들이 믿는 것을 넘어서 행동하는 세대이다. 그래서 왜라고만 묻지 않고 이제는 그들에게 너희가 무엇을 해야 되는가를 알려줘야 되는 것이다. 하나님 나라의 가치를 경험하게 만들어줘야 할 이유이다. 이들은 자신들이 참여해 의미 있고 가치 있는 일에는 아낌이 없다. 그러나 의미가 없다면 인색하다.

하나님 중심적인 교회

하나님 나라의 가치를 경험하게 해주는 것은 MZ세대에게만 국한되는 것은 아니다. 우리 교회의 중요한 목회 철학 키워드는 크게 두 가지이다. 첫 번째는 하나님 중심적인 교회가 되는 거다. 그래서 무엇보다 철저히 말씀으로 양육하고 복음이 살아있는 감동적인 예배가 되도록 최선을 다하고 있다. 삶이 예배가 되도록 강조하는 '다니엘 기도'도 있다. 다니엘이 하루에 세 번씩 창문을 열어놓고 기도한 것처럼 아침에 일어나자마자 무릎 꿇고 기도하고, 밤에 자기 전에 무릎 꿇고 기도하고, 12시에 알람을 맞춰놓고 울리자마자 어디에 있든지 그 자리에서 무릎 꿇고 3분 동안 기도하는 프로그램이다. 처음에는 부끄러워서 회의하다 볼펜 줍는 척 하고 책상 밑으로 들어가는 등 여러 가지 에피소드들이 있지만 결국 교인들은 영적으로 하나님 중심적인 삶을 살아가도록 노력하고 있다. 또한 예배 시간에 눈물 흘리는 성도들을 위해 모든 교회 의자 밑에 '은혜의 휴지'를 마련해두

그림 11 꿈의교회 다니엘기도

그림 12 꿈의교회 은혜의 휴지

그림 13 꿈의교회 성전 뜰 기도회

었다. 이 밖에도 코로나19로 인해 사회적 거리가 강화된 분위기 속에서 교회에 오고 싶어도 오지 못하는 성도들을 위해 교회 외부에 공간을 마련해 '성전 뜰 기도회'를 진행했다. 29일 동안 매일 밤 집회하며 기도하는 '성령행전'과 '이긴 자로 한 달 살기', '남은 자로 한 달 살기', '사명자로 한 달 살기' 등 하나님 중심적인 삶을 살도록 계속해서 도전하고 있다.

사람 지향적인 교회

두 번째 목회 철학은 사람 지향적 교회이다. 내가 너를 섬김이 아니라 너를 내가 섬김이 되어야 한다. 내가 너를 섬기면 나의 노력이 드러나지만, 너를 내가 섬기는 건 주어가 바뀌는 것이다. 네가 원하는 일이라면 난 뭐든지 할 수 있다는 섬김의 마인드로 서로를 섬기고 행복하게 만들고 감동시킨다. 이 마음이 가정에서 먼저 회복되어야 한다고 생각한다. 그래서 우리 교회에서는 다음세대와 부모 세대를 위한 사역을 많이 진행하고 있다. '드림맘즈워십'을 통해 엄마들이 서로 소통하고 공감하며 자녀들을 믿음의 용사로 키우는 힘을 얻어가게 한다. 삶에 지친 아버지들을 위로하며 격려해 복음 안에서 건강한 가정을 세우도록 지원하는 힐링 프로젝트 '아버지의 밤'은 3040세대와 50대 이상의 연령을 구분해 2차로 진행하기도 했다. 누구보다 소중하고 중요한 다음 세대를 위해 온라인 교회학교 예배와 온라인 그림대회, 그리고 온라인 가정예배 콘테스트 등을 열어 아이들이 세상과 타협하지 않고 주님 안에서 온전히 자라나도록 이끌고 있다. 그러면 교회는 부흥할 수밖에 없다. 결국 사람 지향적 목회를 통해 성도들을 감동시키면 그들은 교회에 자긍심을 갖고 교회에 참여하고 하나님을 더 깊이 알아가 변화된 삶을 살게 된다.

생명력 있는 교회, 부흥의 영광

요즘 시대, 교회의 생존을 말하는 사람들이 많지만 교회 생존보다 중요한 것은 생명이다. 부흥보다 중요한 것이 있다. 교회의 본질과 사명이다. 이에 대한 영적 자각이 있다면 교회는 부흥할 수 밖에 없다. 교회가 생명력이 있으면 생존을 넘어 부흥할 수밖에 없는 것이다. 좋은 나무가 되면 좋은 열매를 맺게 된다. 좋은 열매를 맺기 위해 그 나무는 노력해야 하는 것이다. 교회는 단체Organization 가 아니라 생명체Organism 가 되어야 한다. 그래서 성도들에게 가끔 이렇게 강조한다. "우리가 '꿈의교회'입니다." 교회는 건물이 아니고, 보여지는 것이 아니다. 우리가 바로 교회이자 내가 교회라는 생각을 가지고 멀티교회로 나아간다.

사람 있는 곳으로 나아가자

멀티교회는 여러 교회가 하나의 비전과 사명을 함께하는 교회다. 이를 위해 주일 설교를 각 교회가 공유하고 있다. 우리 교회에서는 QT를

RT$^{Relation\ Time}$ 라고 한다. 매주 목사님들과 '생명의 삶'을 가지고 RT를 하는데, 그 본문 중에서 말씀을 정한다. 대표 목사가 설교 아이디어와 초안을 만들면, 각 교회 담임목사님들이 각자 묵상해 제출하고, 이 모든 것을 종합해 하나의 메시지로 준비한다. 물론 최종 설교 원고 안에서 예화 등은 담임목사님들이 각자에게 맞게 준비한다. 그리고 주일 설교 외에 다른 설교는 각 교회에 맞게 담임목사들이 따로 진행한다.

기본적으로 멀티교회는 선교적 교회, 복음적 교회이다. 특별히 성경에 보면 '수고하고 무거운 짐 진 자들아 다 내게로 오라 내가 너희를 쉬게 하리라'고 하지만, '너희는 가서 땅 끝까지 증인이 되라'고 말씀한다. '오라'와 '가라'의 균형이 있어야 되는 거다. 그래서 우리 교회로 오라고만 하는 게 아니라, 오히려 우리가 사람 있는 곳으로 나아가자는 것이 멀티교회 비전이다.

메이커, 브랜드 시대를 넘어 '라이크^{Like}' 시대로

결론적으로 포스트 코로나 시대 목회 전략에 대해 이렇게 정리할 수 있다. 지금은 브랜드 시대를 넘어, 라이크^{Like} 시대가 됐다. 브랜드가 없어도 내게 좋은 것이라면 그 제품을 쓰는 시대가 됐다. 그래서 자신이 원하고, 좋아하는 것을 채워줄 수 있는 교회가 되어야 한다. 이것이 3040세대, MZ세대에 해당하는 목회이기도 하다.

에너지, 시너지 효과를 넘어 '뉴너지로 Newnergy'

그동안 에너지, 또는 시너지 효과를 강조해왔다. 그런데 앞으로는 'New 에너지'와 'New 시너지', 다시 말해 '뉴너지 효과Newnergy' 라는 말을 하고 싶다. 우리가 갖고 있는 에너지와 시너지가 새로운 뉴너지로 발휘 되어야 한다. 일례로 여름 캠프에 대한 아이디어를 교역자들에게 공모했다. 나온 아이디어에 다함께 무기명 투표를 해 선정된 교역자에게 전권을 주고 캠프를 진행하게 했다. 또 우리 교회 교역자들이 전략 회의를 할 때 목회를 잘하는 다른 교회 목회자를 줌 Zoom 으로 초청해 우리의 회의 내용에 대해 다른 의견을 해달라고 하는 등 그동안 시도하지 않았던 회의를 시도해 미처 우리가 보지 못했던 부분까지 볼 수 있는 기회가 되도록 만들었다. 다 뉴너지 효과를 위해서다.

플로팅 신앙을 넘어 '자기 주도적 신앙 Self-direcdted Faith' 으로

또한 목회데이터 연구소와 기아대책에서 낸 <한국교회 트렌드 2023> 책을 보면 '플로팅 크리스천'[15] 이라는 단어가 등장한다. 코로나19 이후 불가항력적으로 생겨난 그들은 어느 한 곳에 정착하지 않고 사회 변화에 따라 계속해서 움직이며 자신에게 가장 알맞은 신앙생활을 추구하는데, 이런 플로팅 신앙을 넘어 자기 주도적 신앙을 갖도록 도와줘야 한다. 이제는 성도들을 교회로 억지로 오라고 할 수 없다. 본인 스스로 깨달아 의욕을 가지고 자기

주도적으로 신앙생활을 할 수 있도록 만들어야 한다. 그렇게 하지 않는다면 앞으로 목회는 쉽지 않다. 그래서 우리 교회는 코로나가 잠잠해지고 있는 지금도 주일 예배를 생중계를 하고 있다. 왜냐하면 젊은 부부들이 현장 예배를 잘 드리지 않기 때문이다. 우리도 다른 교회와 같은 고민을 했다. 만약 온라인 예배를 하지 않는다면 어떻게 하겠느냐고 조사했더니 다른 교회 예배 생중계를 보겠다고 답변하는 사람들이 있었다. 그래서 차라리 온라인으로도 예배드리는 것이 낫겠다는 판단을 하게 된 것이다. 이렇게 한 곳에 정착하지 못하고 플로팅 신앙을 가진 분들이 교회에 소속감을 가지고 나올 수 있도록 만드는 것, 그리고 자기 주도적으로 신앙생활을 할 수 있도록 만드는 것이 목회다. 이를 위해 교회는 양육 훈련에 집중해야 한다.

건강한 목회…세대를 뛰어넘어 부흥의 길로

교회는 세대를 뛰어넘고 초월하여 부흥할 수 있다. 그것은 건강한 목회가 뒷받침되었을 때 이야기이다. 기본이 가장 중요하기 때문이다. 사람은 재미가 있는 곳에 혹하지만 결국 의미가 있는 곳에 거하게 되어 있다. 그래서 성도들에게 신앙생활이 의미가 있고, 믿음이 가치가 있음을 가르치며 훈련해야한다. 나아가 교회 공동체에 소속되어 함께하며 변화를 경험하고, 자신의 모습대로 사역할 수 있도록 만든다면 그 어떤 세대든지 교회 중심적인 신앙생활을 하게 될 것이다.

시니어교회의 비전과 실제 1
– 선한목자갈렙교회 유기성 목사

예수님과 동행하는 삶

안식년을 가졌을 때의 일이다. 내가 예수님을 잘 믿고 잘 동행하고 있는지, 아닌지는 은퇴할 때 드러나게 될 것이라는 생각이 들었다. 그때부터 예수님과 친밀히 동행하려고 노력했다. 그렇게 주님이 나와 함께 계심이 분명해지면 은퇴하는 것과 안하는 것은 아무 문제가 없다고 생각했기 때문이다. 은퇴는 그렇게 큰 문제가 아니다. 현직에서 담임목사로 섬기는 것인지, 교회 밖에서 여러 교회와 전 세계를 향하여 일하고 섬기는 것인지의 차이만 있을 뿐이다. 모든 일을 주관하시는 분은 오직 예수님뿐이다.

가장 천국다운 공동체 갈렙교회

대한민국은 빠르게 초고령사회로 달려가고 있다. 전체 인구 중 고령 인구가 7%면 고령화사회, 14%면 고령사회, 20%에 도달하면 초고령사회라고 부를 수 있는데 통계청 자료에 따르면 우리나라는 2026년 초고령사회에 도달할 것으로 예상된다. 이런 속도라면 2070년에는 전체 인구 중 65세 이상이 46.4%를 차지할 것으로 보인다.

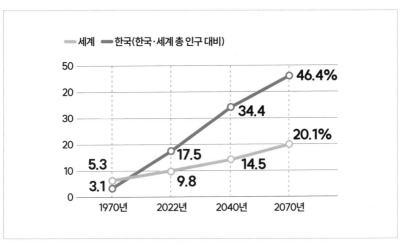

세계 ▬ 한국(한국·세계 총 인구 대비)

그림 14 고령인구 인구 전망
출처 : 세계와 한국의 인구현황·전망, 통계청, 2022.09

성경에서 나이가 든다는 것은 하나님의 축복이라고 했다. 그들이 가지고 있는 신앙생활과 인생의 지혜가 그냥 생긴 것이 아니기 때문이다. 그래서 우리 교회에서는 시니어 세대들이 공동체를 이루어 자신들의 영적인 필요와 문제들을 풀어가고, 아름다운 교회 공동체를 세워 인생의 지혜와 신앙의 경륜을 다음세대에게 물려줄 수 있는 갈렙교회를 세웠다. 벌써 10년 전 일이다.

'교회에서 소외되는 게 아닐까'… 광야의 시간

시작은 일반 성도들보다 시니어 성도들을 이해시키는 것에 어려움이 있었다. 시니어들이 가지고 있는 고민은 나이가 든다는 것에 대한 부정적인 생각이다. 은퇴 연령이 되면 모든 것을 다 내려놓아야 하고, 교회를 위해 섬길 수 있는 여지가 없어지게 된다고 생각하기 때문이다. 그렇게 교회로부터 완전히 소외된다는 심리적 느낌이 굉장히 강했기 때문에 시니어들만의 교회를 창립한다는 것 자체를 받아들이기 힘들어했다. 그러나 이미 시니어 성도들이 교회의 실제적인 목회 현장과 신앙 공동체 안에서 소외되어 있는 것이 현실이었고 그걸 받아들여야 하며 오히려 적극적으로 자신들만의 공동체를 이뤄 그 문제를 스스로 해결하는 것이 더 중요하다고 설득했다.

왜냐하면 젊은 세대들은 그 나이대가 되었을 때 무엇이 필요하며 어떻게 해야 시니어들에게 도움이 되는지 전혀 알 수가 없기 때문이다. 자신이 살아보지 않은 세대이기 때문에 그저 노인대학, 경로잔치 정도의 위로밖에 할 수 없었다.

'나는 여전히 존재 이유가 있다'… 놀라운 부흥과 성장

사실 시니어 성도들이 가지고 있는 문제는 다음세대들에게 당신들의 경험을 말로 전해주려고 한 것이었고, 이 때문에 오는 갈등이 굉장히 컸다. 그래서 시니어 성도들에게 말이 아닌 실제 당신들이 만든 교회 공동체를 통해 보여주자고 권면했고 이것은 놀라운 부흥과 성장의 기적으로 다가왔다. 시니어 성도들은 자신에게 여전히 존재할 이유가 있고 자신들의 신앙 경험과 지혜가 공동체를 이루는 일을 위해 쓰일 수 있다는 것에 기뻐했다. 또한 그동안 교회 운영을 도맡아 했던 장로님들이 시니어교회에 올라가면서 일반 성도에게 업무를 넘기고 장로님들은 장로 선교단을 만들어 선교 현장에 직접 나가는 결단을 하게 됐다. 시니어 교회는 정말 다르다는 것을 몸으로 체감하는 일이었다.

반가운 것은 갈렙교회의 공동체를 보고 호주 시드니에도 시니어 교회가 생겨났다는 것이다. 그 교회는 3년 만에 깜짝 놀랄 정도로 밝고 활기찬 교회로 바뀌어져 있었다. 실제로 시니어 세대가 되면 이미 교회 생활을 다 거쳤기 때문에 가장 천국다운 교회 공동체를 이루는 것이 가능하다. 그것이 바로 시니어 교회가 가지는 강력한 강점이다. 그동안 교회 생활을 하면서 겪었던 시행착오와 상처들을 시니어 교회에서 극복하고 해결할 수 있었던 것이다. 이것은 시니어 교회의 중요한 비전 중 하나이다.

하나님과 더 가까워지는 시니어 교회

또한 영광스러운 하나님 앞에 서는 그날을 준비하고, 예수님과 더 친밀해졌으며 마음에 기쁨이 넘치는 분들이 많아지고 있다. 그래서 시니어 성도들 안에서 더 젊어지는 느낌을 갈렙교회를 통해 경험하고 있다. 더욱 중요한 것은 시니어 세대 중 아직 예수님을 믿지 않는 분들을 향한 맞춤 전도를 해마다 계속하고 있다는 점이다. 물론 시니어 교회는 계속해서 그 연령대의 교인들이 올라와 자동 성장하는 교회이다. 그렇지만 그들의 회심 전도와 영혼 구원의 시급성을 위해 갈렙교회가 그들의 정서에 맞는 전도 집회 등을 준비하고 진행하며 복음의 열정을 불태우고 있다.

소통의 창구가 되고 있는 갈렙교회

대부분 갈렙교회가 세대 간의 단절을 더 심화시킬 것이라고 걱정했다. 그러나 실상은 그렇지 않다. 세대 간의 대화는 세대 안에서의 소통이 먼저 이루어진 다음에 비로소 시작되는 것이다. 시니어 성도들이 다 뿔뿔이 흩어져 있는 상태에서 사람들만 모아둔다고 소통이 되는 것이 아니기 때문이다. 갈렙교회를 통해 시니어 세대들 간의 소통이 활발하게 이루어지고 나니 청년 공동체인 젊은이교회 등에 장학금을 지원하고 있다. 이것을 '선한 복 나눔 멘토링'이라고 부르는데 장학금을 받은 청년들로 하여금 다음세대를 위한 자원봉사자로 나설 수 있는 힘을 주었고, 다음세대는 그 힘을 이어받아 학습에 도움을 받으며 선한 영향력이 이어지고 있다.

그들의 뜨거운 기도가 교회를 살린다

그리고 본 교회 중보 기도자의 상당수가 이 갈렙교회에서 나온다. 또한 교회에 행사가 있을 때 어린이 돌봄 등을 통해 교회의 모든 행사에 더 적극적으로 참여하며 진정한 세대 간의 소통이 갈렙교회를 통해 이뤄지는 것을 보았다.

지금 한국교회의 시선은 다음세대를 향해 있다. 관심도, 걱정도 많다. 그러나 시니어 세대들에 대해서는 막막해 한다. 나는 시니어 세대들은 그들에게 맡겨드려도 된다고 말하고 싶다. 그분들을 위해 어떻게 해드리는 것보다 스스로 공동체를 만들도록 도와주고, 주님의 인도를 받아 교회를 만들어가도록 도전하는 것에 안목이 열려졌으면 하는 바람이다.

시니어교회의 비전과 실제 2
- 선한목자갈렙교회 심우인 목사

"이 산지를 내게 주소서"… 갈렙과 같이 나아오라

85세에 헤브론 산지를 향해 "이 산지를 내게 주소서"하고 하나님의 사명을 끝까지 붙잡은 갈렙. 그와 같이 하나님 부르심에 끝까지 순종하며 헌신하는 귀한 사명자를 세우는 일은 정말 중요한 일이다. 또한 65세 이상의 은퇴 장로와 성도들이 점점 늘고 있는 상황에서 어떻게 목회적으로 그들을 잘 이끌어 갈 것인지 고민이 되었다. 그때 유기성 목사의 결단으로 교회 안에 독립된 교회, 갈렙교회를 세우게 되었다. 갈렙교회는 재정이나 의사 결정과 같은 모든 것이 독립된 교회이기 때문에 하나의 독립된 작은 교회로 볼 수 있다. 갈렙교회는 '천국 같은 교회를 세우자', '영광의 날을 준비하자'는 분명한 비전과 목회 방향을 가지고 시작되었다.

외로운 세대… 갈렙교회는 은혜와 사랑의 통로

시니어 성도들은 교회 안에서나 가정적으로 소외당하고 또 외로움을 많이 느끼는 세대이다. 그렇기에 아름다운 소그룹 공동체, 예배 공동체, 사명 공동체를 세워드림으로 내가 홀로 있는 것이 아니라 하나님 나라를 위해 함께 걸어가는 천국 공동체가 있다는 사실을 알려주고 싶었다. 이것은 그들에게 위로가 되고 다시 한 번 주님의 마음을 붙잡고 나아가는 데 귀한 은혜와 사랑의 통로가 되고 있다.

갈렙교회 목요 예배의 주제는 사도행전이다. 사도행전 강의를 통해 초대 교회와 같은 놀라운 부흥 사명 공동체, 하나님의 역사에서 귀하게 쓰임 받는 귀한 종들이 우리 시니어 성도들을 통해 일어나기를 갈망하며 말씀을 전하고 있다. 이와 같이 갈렙교회가 하나님께서 부르시는 사명을 끝까지 감당하는, 영광의 날을 준비하는 사명 공동체임을 잊지 않게 하기 위해 하나님께서 그들을 계속해서 사용하여 주시고, 이들을 통해 교회와 나라와 열방이 주님께로 돌아올 것이라는 비전을 계속 선포하고 있다.

전도에 대한 열정…부흥의 원동력

갈렙교회가 세워진 건 2010년 12월. 이때는 교회라기보다 하나의 교구로 세워졌다. 각 교구에 흩어져 있는 시니어 성도들을 하나의 공동체로 모으는 작업부터 시작했다. 그로부터 2년 후, 2012년 12월에 준비가 되어 독립된 교회로 시작됐다. 이후 갈렙교회는 선한목자교회 안에서 가장 부흥하는 교회가 됐다. 65세 이상 되는 성도들이 자연스럽게 올라오는 것도 있지만, 그 어느 세대보다 전도에 대한 열의가 있기 때문이다. 친구나 가족을 향해 강한 전도의 열망을 가지고 복음을 전하는 일을 계속하고 있다.

2010. 12.
갈렙교구 편성

2012. 12.
갈렙교구 창립예배 및 총회
입교인 416명

2023. 1.
갈렙교회 현재
입교인 1,400명

그림 16 갈렙교회 목요예배

그림 15 갈렙교회의 역사

그림 17 지혜자 대학 라인댄스 팀의 특송

그림 18 갈렙교회 성가대의 모습

그림 19 갈렙교회 성도들의 국내 선교 모습

그림 20 갈렙교회 친구야 천국 가자 행사

그림 21 갈렙교회의 군부대 선교

그 덕분에 이제 막 10년이 된 갈렙교회는 출석 성도나 재정 등 모든 면에서 3배 정도 성장했다.

여전히 나는 하나님 위한 사명자

갈렙교회의 원동력은 무엇일까. 많은 성도와 목회자가 이 교회에 대해 궁금해하며 찾아온다. 그리곤 시니어 성도들을 위한 좋은 프로그램이 있다면 연락해달라고 요청한다. 그러나 그것은 갈렙교회에게 어울리지 않는다. 우리는 시니어 성도들을 위해 좋은 프로그램을 만드는 차원을 넘어, 주체적이고 자발적으로 사역의 현장에 설 수 있도록 그 사명의 장을 그들에게 내어드리기 때문이다. 이것은 목회 패러다임에 큰 변화를 준 것이다. 시니어 성도들을 교회에서 돌봐야 되는 대상이 아닌 여전히 하나님 나라를 위한 사명자라는 시각으로 바라보게 된 것이다.

서로 돕고 의지하는 갈렙교회…"사명에는 은퇴가 없다"

또한 목양과 사역이라는, 특별하지 않은 조직 구조도 갈렙교회의 특징 중 하나이다. 다른 교회와 다른 점이 있다면 갈렙교회는 모든 의사의 진행과 결정을 사역자가 아닌 성도들이 주체적이고 자발적으로 하고 있다는 점이다. 또한 모든 사역은 성도들이 어떻게 더 하나님의 사명의 자리로 나오게 할 것인가를 일순위로 고민하며 기획되고 진행된다. 목양하는 일도 젊은 세대가 그들을 돌보는 것이 아닌 시니어가 시니어 세대를 직접 돌보고 섬기고 있다. 우리 교회에 새롭게 헌신하신 소그룹 리더와 이야기를 나눌 기회가 있었는데, 83세의 그분은 "하나님께서 허락하실 때까지 사명을 감당하겠습니다. 사명에는 은퇴가 없습니다"라며 강한 사명감을 드러냈다. 나이도, 건강도 중요하지 않다.

오직 하나님께서 이끄시면 하나님 나라를 위해 헌신할 수 있고, 그것이 그분들의 기쁨이 되고, 영적으로나 육적으로, 또 심령 안에서 은혜와 감사가 살아나기 때문이다.

독립된 재정으로 운영되는 갈렙교회

갈렙교회는 일반 교회들이나 선한목자교회의 조직과 거의 흡사한 형태의 조직으로 이루어져 있다. 갈렙교회는 본교회로부터 독립된 재정으로 운영되는데, 모든 사역비와 갈렙교회 사역자 사례비 또한 갈렙교회의 독립된 재정으로부터 받는다.

때문에 이전에 한 갈렙교회 파송 선교사님께서 급작스럽게 사역으로 인한 재정 요청을 하셨을 때에 시니어 성도들이 함께 선교사님이 보내온 자료를 검토하고 기도해보고 회의해보며 재정을 흘려보낼 수 있었던 사례도 있다. 이와 같이 재정과 의사결정이 독립되어 있기 때문에 성도들이 사역에 더욱 주체적으로 헌신하고자 하는 열정을 보게 되었다.

온전히 주님께 영광 '예배위원회'

갈렙교회에는 7개의 위원회가 있다. 그 중 예배 위원회는 예배국과 찬양국, 중보기도국이 속해 있다. 예배국은 갈렙교회의 주중 예배인 목요 예배의 안내와 진행하는 일을 하고 있다. 찬양국은 성가대와 중창단 등 하나님께 찬양 드리는 모든 일을 감당하고 있다. 중보기도국은 갈렙교회 안에 있는 6개의 영역별 기도팀으로 이루어져 있다. 선교 완성과 다음 세대를 위해, 또 한국교회와 갈렙교회, 그리고 환우들과 예수님의 동행 사역을 위해 계속 기도하고 있다.

복음 들고 땅끝까지 '선교위원회'

선교위원회는 국내 선교국과 해외 선교국, 특수 선교국으로 구성돼 있다. 국내 선교국에서는 국내의 미자립 교회를 섬기고 있고, 매년 6월에는 갈렙교회 성도들이 미자립교회와 함께 땅 밟기 기도와 전도를 하고, 함께 예배하는 시간을 가진다. 해외 선교국은 우리가 파송한 선교사와 별도로 파송된 5명의 선교사의 모든 생활비와 사역비를 지원하고 있다. 찾아가 격려하기도 하고 해마다 시니어 선교학교를 통해 성도들도 선교 사명에 더 눈에 열리게 된다. 이 훈련을 받은 성도들을 중심으로 갈렙교회 성도들은 러시아와 대만, 일본 등 해외 선교현장에도 직접 나아가게 된다. 실제로 73세의 갈렙교회 성도님 부부께서 러시아 단기 선교를 다녀 온 이후 청년

때 품었던 선교에 대한 헌신과 기도가 되살아나 다시 하나님 앞에 자원하는 심령으로 2년간 헌신했던 적도 있었다. 올 초에는 심장 전문의가 은퇴를 앞당겨 캄보디아 헤브론병원에 선교하러 나가기도 했다. 이와 같이 갈렙교회 성도들은 선교에 재정을 흘려보내기만 하는 것이 아니라 직접 선교의 주체가 되어 선교지 현장에 나아가고 선교사님 한 분 한 분을 책임지는 선교 사명을 감당하고 계신다. 마지막으로 특수 선교국에서는 군부대 선교 및 외국인 노동자 선교를 계속하면서 하나님께서 주신 사명을 감당하고 있다.

갈렙교회의 동행

이번에는 갈렙교회의 특별한 프로그램을 소개하고자 한다. 그 첫 번째는 바로 '해피스타트'. 우리 교회 안에서 죽음이라는 단어는 애써 부인할 수 없는 단어이다. 그러나 많은 성도가 죽음에 대해 준비가 되어 있지 않다. 따라서 죽음을 준비하는 프로그램인 '해피스타트'를 통해 관계, 재정 등 현실적으로 준비해야 하는 것들을 훈련하고 가정 안에서 이 일에 순종함으로 나아가는 도전을 계속하고 있다.

두 번째는 '친구야 천국 가자'로 친구나 배우자 등을 전도하는 맞춤 전도 프로그램이다. 이밖에도 북한이 보이는 지역에 직접 가서 북한 땅을 위해 기도하는 '통일을 위한 민족기도회' 등 다양한 프로그램을 진행하고 있다.

세대별 공동체… 불협 아닌 화합의 공동체

지금은 이처럼 잘 정착했지만, 처음 갈렙교회가 세워질 때 우려의 목소리가 높았다. 세대별로 분리시키면 소통에 어려움을 겪지 않을까 걱정한 것이다. 선한목자교회 안에는 갈렙교회뿐 아니라 청년 공동체인 '젊은이교회'가 있고 또 36세에서 49세까지의 싱글 공동체인 '다윗공동체', 또 3040 기혼자들로 구성된 '요셉 교구'가 있다. 선한목자교회에서 사역하면서 이 모든 교구를 다 경험해 보았는데, 외부에서 바라보는 것처럼 세대 간의 단절은 없었다. 오히려 세대별로 공동체가 세워지면서 갖게 되는 강점이 더 많았다. 각 세대별로 건강한 리더십이 세워지고 그들이 각자의 교회 안에서 건강하게 그 역할을 감당하면서 자연스럽게 소통이 이뤄지는 것이다. 사회에서는 시니어 세대가 고집이 많고, 마음이 닫혀 있고, 대화하기가 어려운 대상이라는 선입견을 가지고 있는 경우가 많다. 교회에도 그런 시각들이 있다. 그러나 갈렙교회 내에 건강한 리더십들이 잘 세워져서 다른 세대와 함께 건강하게 소통하고 연합해나가는 것을 보게 된다.

은혜와 기도의 통로… '선한 복 나눔 멘토링'

이렇게 아름답게 교회가 연합할 수 있는 배경 중 하나는 바로 '선한 복 나눔 멘토링'이라는 사역이 있다. 감사하게도 하나님께서 갈렙교회에 재정적인 풍요로움을 허락해주셨고, 재정을 주체적으로 관리하다보니 하나

그림 22, 23 선한복나눔멘토링 수료식과 워크숍 진행 모습

그림 24, 25 온라인으로 속장 모임을 진행하는 모습

님께서 채워주신 은혜를 젊은 세대에게 흘려보낼 수 있게 되었다. 갈렙교회는 청년들에게 장학금을 지원해오고 있는데, 청년들이 교회 밖에 나가서 아르바이트를 하는 것이 아니라 장학금을 지원받고 구별되고 준비되어, 세상에 물들지 않고 주일학교 청소년들에게 1대 1 멘토링을 해줌으로써 신앙적, 관계적, 정서적으로 선한 영향력을 흘려보내는 통로가 되고 있다. 또한 갈렙교회로부터 시작된 기도와 재정을 통한 섬김이 계속 젊은 세대로 흘러가며 갈렙교회 성도들을 바라보는 시각이 해마다 달라지는 걸 경험하게 된다. 갈렙교회 성도들이 믿음 안에 온전히 서서 하나님 나라를 위해 충성되게 섬기는 모습을 보는 다른 세대들이 시니어 성도들을 존경하고 진심으로 그분들을 응원하는 모습을 본다. 이를 통해 세대 간 소통은 단순히 모든 세대가 합쳐졌을 때 이루어지는 것이 아닌 각 세대가 하나님 앞에 온전한 모습으로 설 수 있도록 서로 도울 때 더 아름답고 풍성해지는 것이라는 것을 알게 되었다.

10년 전부터 훈련된 '주체성'

코로나19는 갈렙교회도 덮쳤다. 처음에는 예배드리는 것도 힘들었고, 모이지 못하는 상황 가운데 있었다. 그때 줌Zoom 교육을 실시했다. 예상 인원보다 많은 분이 교육을 받으러 왔고, 처음에는 걱정과 우려 속에서 교육이 시작되었다. 하지만 교육이 진행되면 될수록 시니어 성도들께서는 '할 만하다', '배울 만하다'며 자신감을 얻으셨고, 실제로 줌 Zoom 을 통해 모이는 소그룹들이 늘어나게 되었다. 그 결과 교회에 전혀 모이지 못하는 상황에도 온라인에서 공동체가 계속 연결되고, 함께 은혜를 나누는 모습을 보게 되었다. 또한 시니어 성도들이 온라인을 통해 주체적으로 성경 통독도 진행하고 소그룹 모임, 리더 모임도 원활하게 진행하는 모습을 보게 되었다. 이런 모습을 보며 10년 전부터 주체적이고, 자발적인 사역 현장을 열어놓으니 이런 위기의 상황에서도 더 적극적으로 배우고 시도해보려는 도전이 갈렙교회 안에 자리 잡을 수 있었다는 생각이 들었다. 만약 이러한 준비들이 없었고 시니어 성도들이 계속해서 소극적인 자세로 임했다면 코로나를 지나는 시기에 삶과 신앙을 지키기 어려웠을 것이다.

온라인 속 갈렙교회

갈렙교회의 예배는 목요일에 드려지는데, 목요예배는 주중 예배인 관계로 모이는 인원이 제한적이지만 꾸준히 성장해오고 있다. 코로나19 이후로 오프라인 모임은 인원이 아직 완전히 회복되지 못했지만 온라인으로 모이는 인원은 점점 더 증가하고 있다. 또한 줌 Zoom 과 유튜브를 통해 취미활동, 음악, 성경, 운동 등을 배우는 '지혜자 대학'을 진행하고 있다. 그리고 선한목자교회에서 2010년부터 진행해 온 '예수 동행 일기 나눔' 사역은 온라인으로 서로의 일기를 나누는 것으로, 갈렙교회에서도 진행 중인데 서로의 일기에 '아멘'으로 댓글을 달아 서로 격려하고 삶을 공유하고 있다. 온라인 활용이 어려운 성도들도 있기 때문에 갈렙교회에서는 '시니어 예수동행' 책자도 자체적으로 발간하여 그들이 일기를 기록하며 날마다 예수님과 동행하고 주님 안에 거하는 삶을 살 수 있도록 도우려 노력하고 있다.

시니어 사역의 과제 – 목회 패러다임의 전환

이처럼 시니어 사역은 목회의 패러다임 전환이 필요하다, 시니어 성도들을 바라보는 시각을 변화시켜야 한다. 시니어 성도들은 단지 우리가 섬겨야 할 대상이 아니라 여전히 하나님 나라에 대한 열정과 헌신으로 어느 세대보다 강력하게 순종할 준비가 되어 있는 하나님 나라의 사명자다. 이를 이해하고 그 헌신의 장을 열어드려야 한다. 그리고 그분들을 위한 맞춤 공동체가 세워질 수 있도록 도와야 한다.

시니어 사역의 과제 – 사역의 세분화

또한 시니어 사역의 세분화가 필요하다. 흔히 '액티브 시니어'라고 불리는 65세부터 75세까지는 건강하고 에너지가 있어서 어떤 사명의 자리라도 달려 나가려고 하는 열의가 있는 반면, 80세가 넘는 분들은 비교적 기력이 쇠하고 돌봄이 필요하기에 시니어 세대 안에서 돌봄을 받을 수 있게 해야 한다. 이렇게 세대를 세분화하여 맞춤형 사역과 목양의 장을 제공

크리스천 인사이트

해야 할 필요가 있다.

시니어 사역의 과제 – 사역의 전문화

세 번째는 사역의 전문화이다. 한국교회 안에는 교회학교 사역 전문가나 젊은 청년 사역 전문가, 제자 훈련 전문가 등 다양한 전문가가 있다. 이제 시니어 사역에 대한 전문가가 한국교회 안에서도 나타나길 간절히 소망한다. 앞으로 하나님 나라를 세워나가는 일에 시니어 세대도 동참해 그들을 통해 하나님 나라가 더 풍성해질 수 있도록, 시니어 사역 전문가들이 더욱 전문적으로 세워지는 일이 우리가 품고 기도할 제목이다.

사례
소개

섬마을 교회의 변화 '선교사 마을'

- 부산 가덕교회

117년 전, 호주 선교사들이 복음의 뿌리를 내렸던 부산 가덕도. 그러나 대부분의 섬마을 목회가 그렇듯 고령화된 주민들과 섬을 떠나 육지로 향하는 젊은 세대, 후임 청빙 문제 등의 어려움으로 강단이 흔들리고 있었다. 이 섬의 터줏대감이자 주민들의 사랑방인 가덕교회도 상황은 마찬가지. 그러나 2008년, 호주 선교사들처럼 나루터에서 배를 타고 가덕도에 들어온 이성수 목사로 인해 가덕교회에 다시 부흥의 물결이 일어났다.

부목사 시절, 해외 선교사들의 어려움을 떠올린 이성수 목사는 교회 옆에 있던 낡은 집 하나를 선교사 한 가정이 머물 수 있는 공간으로 만들었다. 성도들도 십시일반 손을 보태 만들어진 아담한 선교관은 가덕교회와 가덕도를 변화시키는 하나의 밀알이 되었다.

가덕교회 선교관에는 지난 13년간 무려 39개 나라의 89명의 선교사 가정이 다녀갔고, 코로나 팬데믹이 시작되었을 때는 강제로 추방당한 선교사들의 소중한 안식처가 되어주었다. 최근에는 예수전도단 선교사들을 초청하여 함께 생활하고 있다. 마을 주민들과 선교사 가정, 선교 훈련을 위해 가덕교회에 온 청년들이 더불어 살아가며 가덕도는 활기를 찾았다. 덕분에 이성수 목사 부임 당시 60~80대 성도 40여 명이었던 교회가 지금은 어린아이부터 실버세대에 이르기까지 200명 규모의 공동체로 발전했다.

선교관으로 시작된 바닷가 시골교회의 변화. 그 중심에는 영적 네트워크로 지구촌을 섬기며 더 많은 공동체를 연결하려는 끊임없는 기도와 노력이 있다.

그림 26, 27 부산 가덕교회의 모습, 담임 이성수 목사의 모습 (국민일보 제공)

홍대 클럽이 예배당으로…MZ세대가 예배하는 법

- 뉴송처치

유명 클럽과 술집이 늘어선 서울 홍대거리. 금요일 밤이 되면 가장 화려하게 변하는 이곳에서 한 건물 앞에 청년들이 길게 줄을 늘어선다. 과거 대형 기획사가 운영했던 유명 클럽이 문을 닫으면서 이곳에 자리 잡은 '뉴송처치^{담임목사 남빈}' 금요예배에 참석하기 위해서이다.

청년 복음화율이 3%에 불과한 요즘, 뉴송처치는 복음을 접하지 못한 97% 청년들에게 집중했다. 독립교단인 카이캄^{KAICAM} 소속의 교회로 남빈 목사가 섬기고 있다. 남 목사는 가장 먼저 예배 장소에 대한 사람들의 편견이나 기존 교회의 틀을 깼다. 십자가와 교회 간판 대신 하나님을 만나 새로운 노래를 부른다는 의미인 '뉴송^{New Song}'과 새로운 창조를 뜻하는 '뉴 크리에이션^{New Creation}'이란 단어를 청년 세대의 트렌드에 맞게 네온사인으로 표현했다. 개척 당시부터 청년들에게 익숙한 소셜미디어를 활용해 소통하자 이런 채널을 통해 교회에 대한 정보를 접하고 직접 방문하는 청년들도 생겨났다.

'예수 그리스도를 믿고 따르는 성도가 곧 교회'라는 본질을 놓치지 않고 교회의 문턱을 낮추니 4가정을 제외한 나머지 대다수가 MZ세대로 채워졌다. 남빈 목사는 "좋고 옳다고 생각하는 것에 올인All-in 하는 것을 아까워하지 않는 MZ세대가 예수님의 사랑을 깨닫는다면 그 누구보다 헌신된 크리스천으로 살아갈 것"이라며 복음에서 멀어진 도시가 하나님 나라의 유업을 받기 위해 줄 서는 곳이 되도록 노력하겠다고 밝혔다.

그림 28, 29 홍대 뉴송처치의 모습

대한민국의 미래를 지키는 교회

- 과천교회

    e-스포츠대회가 열리는 교회가 있다. 예배당 강대상에는 개인용 컴퓨터 13대가 등장했고 청소년들에게 인기인 게임 리그오브레전드 LoL 와 카트라이더 대전이 펼쳐졌다. 우승자에게는 총 장학금 400만 원도 수여된다. 코로나19가 한창이던 지난 2021년 포문을 연 과천교회 담임목사 주현신 의 '과천e스타' 풍경이다.

    과천교회의 이런 풍경은 이미 지역 청소년들에게 익숙하고, 또 유명하다. '마을과 교회 연결'과 '세대와 세대 연결'이라는 두 가지 목표를 가지고 다음세대와 함께 호흡하는 과천교회는 지난 2011년부터 건강한 청소년 문화를 조성해 왔기 때문. '과천e스타' 역시 기존 교회 연례 행사였던 청소년 문화 페스티벌 '과천스타'의 일환으로 시작됐다. 덕분에 교회 문턱도 넘지 않았던 아이들이 스스로 교회를 찾아와 즐거운 시간을 보내게 됐고, 주일 예배에도 대거 참석하는 부흥의 역사를 만들 수 있었다.

    이처럼 다음세대의 끼와 꿈을 마음껏 발산할 수 있는 무대를 마련해 지역 청소년과 소통한 과천교회는 환경운동에도 앞장서고 있다. 한국교회에서 보기 드물게 환경 전담부서와 담당 교역자를 두며 부활절과 사순절 등 모든 행사에 '환경'이라는 키워드가 꼭 등장하고 있다. 이밖에도 매년 환경주일마다 '녹색교인'을 시상하며 성도들을 격려해 '환경 선교사'로 살 수 있도록 격려하고 있다.

　다음세대를 위해 전교인이 참여하는 환경선교가 꼭 필요한 지금, 과천 교회의 환경 운동이 한국교회에 선한 영향력을 전파하고 있다.

그림 30, 31 과천교회에서 '과천e스타' 행사와 환경 캠페인이 진행되고 있는 모습

복음을 심어주는 다음세대 돌봄 센터

- 열방교회(열방다니엘공동체)

자나 깨나 자녀 교육 걱정뿐인 대한민국의 학부모. 높은 교육열만큼 학원 등을 바라보는 그들의 시선도 까다롭다. 그런데 서울 신정동에 있는 열방다니엘공동체에 대한 학부모 만족도는 꽤 높은 편. 열방교회^{담임목사 최정일}에서 운영하는 이 방과후 교실에서는 자기주도학습과 영성훈련 등 질 높은 교육을 제공하고 있다.

2019년 건축한 교회 건물의 절반인 3, 4층을 오로지 어린이와 청소년을 위한 돌봄 공간으로 마련한 열방교회. 이곳에서 아이들은 각자의 자리에 앉아 학교에서 배운 내용을 복습하고, 수준별로 자신이 정한 교과 분량을 학습한다. 영어수업과 독서수업은 물론, 쉼터에서 뛰어노는 아이들의 웃음소리도 끊이질 않는다. 이곳은 아이들의 공부방이자 놀이터인 것이다.

특히 열방교회는 이곳을 메타인지 [16] 자기주도학습관으로 운영하면서 입시를 뛰어넘어 아이들이 주체적 학습자가 되도록 돕고 있다. 또한 코치들이 학습 지도와 관리를 하면서 교육의 효율을 높이고 있다. 이밖에도 직장에 다니는 학부모들을 위해 늦은 시간까지 돌봄도 이뤄지고 있다.

긴 시간동안 머물면서 초등학교 1학년부터 중학생까지 함께 공동체를 이루며 사회성을 길러 나갈 수 있는 열방다니엘공동체. 이곳이 더욱 특별한 이유는 매일 기도와 QT의 생활화, 분기별 영성교육과 세대간 통합 예배를 통해 주일만이 아닌 일주일 내내 하나님과 깊은 만남 속에 진정한 믿음이 무엇인지 아이들이 스스로 깨달을 수 있다는 것이다.

복음에 중점을 둔 학습을 통해 다음세대에게 비전과 꿈을 심어주는 것은 복음을 전하는 것만큼 중요하다. 그리고 이것은 주일학교 아이들을 위해, 나아가 지역 사회 아이들을 위해 꼭 필요하다. 지역 아동돌봄 공백을 해소하고 열방을 향해 나아갈 아이들의 꿈을 키워주는 열방다니엘공동체, 그들의 과감한 도전은 대한민국 미래의 희망이 되고 있다.

그림 32, 33 방과 후 교과 공부뿐만 아니라 기도, QT 등 영성훈련을 진행하는 열방다니엘 공동체

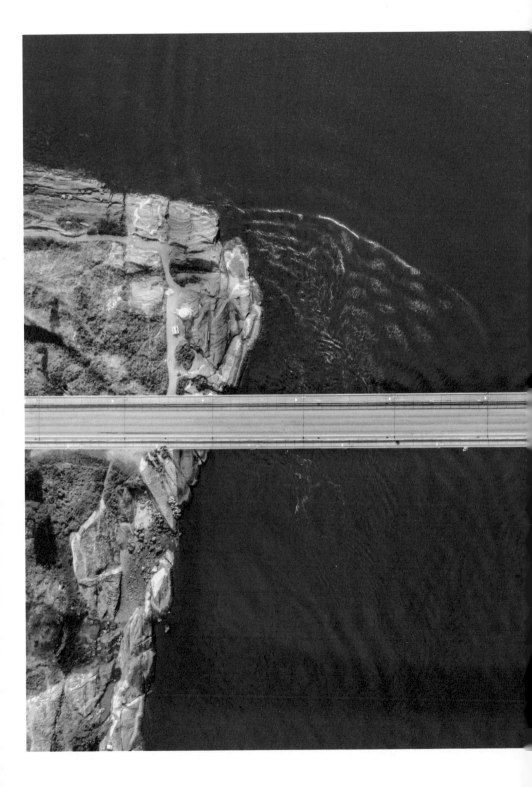

BRIDGE
CHURCH

CHRISTIAN

INSIGHT

세상과의 연결
브릿지 처치

BRIDGE
CHURCH

2장 | 세상과의 연결

한 교회가 마을에 들어오면 그 마을이 변화됐다. 과거 교회의 역할은 선한 영향력으로 지역 사회를 섬기는 것이었다. 그러나 현재 교회는 '그들만의 세상'이 되어 버렸다.

교회 안까지 침투한 개인주의와 경쟁 의식은 한국교회의 위기를 가져왔다. 사람들은 교회를 신뢰하지 못하고, 비난하기 바쁘다. 많은 기독교인도 교회를 떠나고 있다.

설상가상으로 코로나19가 터지면서 교회는 수많은 사람의 질타를 받았다. 한 마을을 살리고, 변화시켰던 교회는 왜 이렇게 추락한 걸까.

코로나19가 발생하기 이전부터 계속 제기돼 왔던 한국교회 위기론. 이제는 한국교회가 달라져야 한다. '세상과의 연결'에서 한국교회의 공공성을 알아보고 한국교회의 회복을 위해 함께 고민해 본다.

포스트코로나 시대 교회와 사회

– 백석대학교 장동민 교목부총장

세상을 사랑할 것인가, 미워할 것인가

　세상과 교회의 관계는 2천 년 교회 역사 속에서 늘 문제가 되어 왔다. 코로나 팬데믹 이후 변화된 세계에서 교회는 세상과 어떤 관계를 맺어야 할까. 성경은 교회와 세상의 관계에 대하여 상반되는 두 가지 견해를 가지고 있다. 먼저 한국교회 성도들은 교회가 세상과 적대적인 관계에 있으므로 세상을 미워해야 한다는 말씀에 익숙할 것이다. 예를 들어 '세상이나 세상에 있는 것들을 사랑하지 말라… 세상에 있는 모든 것이 육신의 정욕과 안목의 정욕과 이생의 자랑이니…' 요일2:15, 16 라는 말씀처럼 말이다. 그러나 성경에는 세상을 사랑하라는 말씀도 많다. 하나님께서 세상을 창조하셨고, 보시기에 심히 좋았다. 사람들이 타락한 이후에도 자비하신 아버지는 세상에 비와 햇빛을 주시고, 당신을 믿지 않는 사람도 아끼시며 마침내 당신의 아들을 이 땅에 보내셨는데, 이는 '하나님이 세상을 이처럼 사랑'하셨기 때문이다. 요3:16 또한 아버지께서 아들을 세상에 보내신 것처럼 아들도 그의 제자들을 세상을 보내신다. 요20:21

　어떻게 세상을 사랑하면서 동시에 미워할 수 있는가? 예수님은 대제사장의 기도에서 그리스도인과 세상의 관계를 정리해 주셨다. 한 마디로 그리스도의 제자는 '세상에 있으나 세상에 속하지 않은In the world but not of the world' 존재다. 요17:15, 16 주님은 당신이 세운 교회가 세상 속으로 뛰어 들어가서 세상일에 참여Engage 하기 원하신다. 그러면서도 동시에 세상과 분리Separate 되는 거룩한 삶을 살아야 한다. 세상에 동화되거나 세속주의에 빠지면 안 된다. 그리스도인은 속세를 떠나 수도원에서 거룩함을 추구하는 것이 아니라, 세상 한복판에 살면서 예수님을 따르는 제자이다. 마치 코로나 병동의 간호사가 코로나19로 고통 받는 환자의 일상에 참여해야 하지만, 동시에 보호 장구를 착용함으로 환자로부터 분리되어야 하는 것과 마찬가지이다.

교회가 세상에 보내진 이유

그렇다면 오늘날 교회들이 세상에 참여하면서도 분리된 삶으로 어떤 열매를 맺어야 할까. 첫째, 세상 속에서 하나님의 뜻을 구현해야 한다. 주기도문의 기도처럼 이 땅에서 하나님의 뜻이 이루어지고 천국이 이 땅에 세워져 하나님 아버지의 이름이 높여져야 한다. 교회는 단지 하나님과 개인의 관계뿐 아니라, 세상에 유익을 주는 공공성을 지닌 기관인 것이다.

둘째, 세상에 참여하는 것은 거룩함Purity 과 하나 됨Unity 이라는 교회의 목적을 달성하기 위하여서도 꼭 필요하다. 교회가 거룩한 공동체가 되기 위하여서는 개인적인 죄만을 회개해서는 안 된다. 악한 세상의 한복판에서 짓는

죄들, 예컨대 화이트칼라 범죄 White-collar Crime [17] 나 차별적인 언행, 동아시아의 평화를 해치는 이념 등을 회개해야 한다. 또한 교회가 하나 됨을 추구하는 공동체라고 할 때도 마찬가지로 분열된 세상을 전제하고 있다. 성경은 여러 계층의 사람들이 모인 교회 안에서 그들 사이의 차이를 넘어서 하나 됨을 이루라고 말씀한다. 하나님은 분열된 세상을 치유하기를 원하시는데, 그 치유는 우선 교회 안에서 이루어져야 한다.

셋째, 그리스도인이 세상에 참여하는 것은 개인의 영성을 위하여 유익하다. 우리가 죄를 짓는 것은 세상 속에서 죄를 짓는 것이고, 회개하는 것은 세상에서 지은 죄를 회개하는 것이다. 세상의 죄악과 나의 죄는 서로 얽혀 있다. 나는 마이크로코스모스소우주 이고 작은 대한민국이다.

대한민국 사회의 발전과 위기

코로나19 이후 우리가 사는 세상은 어떻게 변화하였는가. 코로나19 시기에 대한민국의 국제적 위상이 높아졌다. K-방역의 성공과 세계화의 혜택으로 국내총생산GDP 세계 10위의 경제 대국이 되었고, 2021년 유엔무역개발회의UNCTAD 에서 한국의 지위가 개발도상국에서 선진국으로 격상되었다. 영화 '기생충'과 넷플릭스 드라마 '오징어게임'으로 대표되는 K-컬쳐가 전 세계를 감동시키고 있다. 그러나 이러한 발전과 성취에도 불구하고 대한민국의 미래는 대단히 불투명하고 어둡다. 지구 온난화의 파괴적 위력 때문에 탄소

중립을 목표로 한 새로운 에너지 정책을 수립해야 하는데, 탄소중립은 큰 비용을 요구하는 것이다. 탈脫세계화 경향도 수출 경제 위주의 우리나라에 대단히 심각한 영향을 미칠 것이다. 게다가 현재 동북아에서의 군사적 긴장은 최고조다. 미중 갈등이 확산하여 한미일과 북중러가 대립하는 신냉전 시대로 회귀하고 있는 듯하다. 우리가 사는 세상은 이전보다 훨씬 가난하고 훨씬 위험한 세계가 될 것이다. 여기에 더하여 대한민국은 경제적 양극화와 이로 인한 사회적 갈등으로 국론이 분열되고 국민들은 분노에 차 있어 폭발하기 일보직전이다.

이런 시대 우리는 문명의 발전을 하나님의 선물로 받아들이면서 고통당하는 이웃과 함께 살아야 한다. 인간이 발전시킨 기술들과 물질적 번영은 우리가 즐겨야 할 하나님의 선물이면서 동시에 하나님을 거역한 악惡의 산물이기도 하다. 예를 들어 K-컬처의 경우, 영화 '기생충'이나 드라마 '오징어게임'은 우리 시대 낮은 사람들의 비루한 삶과 좌절을 잘 묘사하고 있다. 그런데 영화보다 더 참혹한 일이 발생하였다. 2022년 8월의 서울 홍수 때 관악구 신림동 반지하 주택에서 세 여성이 참변을 당하였다. 물은 차오르는데 방범창은 뜯을 수 없었고, 어둠과 두려움 가운데 속수무책으로 서로 부둥켜안고 함께 죽어간 것이다. 오징어게임의 유명한 대사, "그만해, 나 무서워. 이러다가는 다 죽어."처럼, 생존의 욕구와 돈 욕심 때문에 사람에 대한 신뢰가 무너지고 무한경쟁과 각자도생의 삶을 살아야 한다.

이러한 역사의 전환기에 고통 받는 하층민들의 고통에 동참하며 자비와 정의가 실현되는 미래 사회의 모습을 실현하기 위하여 투쟁한다면 사회적 사명을 감당하는 것이다.

탈脫종교화 시대를 살며

팬데믹 시대를 거치면서 한국교회에는 어떤 일이 일어났는가. 이미 내리막길을 걷고 있던 한국교회는 코로나 시대를 거치면서 그 내리막길이 더 가팔라졌다. 중대형교회의 경우 대략 20-30%의 성도들이 대면예배에 출석하지 않았고, 소형 교회의 경우 온라인 예배조차 드리지 못하였던 교회가 많았다. 만 개 이상의 교회가 월세를 감당하지 못하여 문을 닫았다. 더욱더 큰 문제는 교회의 신뢰도가 큰 폭으로 하락하고 있다는 점이다. 2022년 4월 목회데이터연구소의 조사에 따르면, 긍정이 18.1%, 부정이 75.8%로 교회의 신뢰도는 이전 어느 때보다 더욱 낮아졌다.

여기에 전 세계적인 경향인 탈종교화가 우리나라에도 퍼져가고 있다. 탈종교화란 사람들이 어떤 종교도 믿지 않는 성향, 종교가 사회에 미치는 영향도 최소화되는 경향을 의미한다. 우리나라 인구 중 40%만 종교를 가지고 있고, 20대는 22%밖에 되지 않는다. 사실 20대 학생들과 심층면접을 해보면 정기적으로 교회에 가는 청년은 10%도 채 되지 않는다.

		종교인(현재 종교를 믿는 사람)비율					
		1984년	1989년	1997년	2004년	2014년	2021년
전체		44%	49%	47%	54%	50%	**40%**
성별	남성	34%	40%	36%	44%	44%	**34%**
	여성	53%	58%	58%	63%	57%	**56%**
연령별	19~29세	36%	39%	36%	45%	31%	**22%**
	30대	45%	46%	47%	49%	38%	**30%**
	40대	49%	54%	53%	57%	51%	**32%**
	50대	53%	58%	56%	62%	60%	**43%**
	60대 이상					68%	**59%**

- 19~29세(이하 20대)의 1984~2004년 수치는 18~24세, 25~29세 조사 결과의 평균
- 1984~2004년의 50대는 50대 이상 의미. 2014년 부터는 50대와 60대 이상 별도 구분
- 2014년의 60대는 2004년의 50대, 1984년의 20대에 해당

그림 34 종교인 비율을 통해 알아보는 탈종교화
출처 : 한국인의 종교 현황 조사, 한국갤럽, 2021

왜 이런 현상이 생긴 것일까? 알베르 카뮈의 소설 '페스트^{1947년}'가 예견한 일이 코로나 시기 한국 사회에서 벌어졌다. 그는 대재난의 시대에 신^{神}을 끌어들이는 것이 무의미한 일이며 재난을 극복하기 위하여서는 개인들의 희생적 결단과 연대, 그리고 과학에 대한 신뢰가 필요하다고 하였다. 우리 사회 대다수 시민은 과학적 방역과 공동체 의식의 결합이 K-방역 성공의 원인이라고 믿는다. 여기에 교회가 설 자리는 없다. 교회는 코로나19로 고통 받는 이웃들을 어떻게 도울 수 있는지, 교회가 어떻게 정부와 협력할 수 있는지를 논의하지 않았다. 코로나19의 문명사적 의미가 무엇이며 앞으로 우리 사회의 미래는 어떠하고, 교회는 어떤 마음으로 미래를 맞이해야 하는지 기독교적 대안을 제시하지 못하였다.

우리 시대 교회는 변방의 종교가 되었다. 과거 흩어져 박해받는 소수의 그리스도인에게 보낸 편지, 즉 베드로전서가 쓰인 때와 유사한 상황이다. 베드로전서는 여러 차례 소수파 기독교인들은 두려움 속에서 살아야 한다고 가르친다. 그렇다고 해서 우리만의 닫힌 종교, 부족 종교, 가족 종교를 만들라는 뜻이 아니다. 교회는 비록 박해받는 소수의 무리라 할지라도 세상을 위한 왕적 제사장으로서 그 영광을 세상에 전해야 할 사명을 가진다. $^{벧전2:9}$ 교회는 지금도 하나님께서 세상을 구원하고 변화시키기 위하여 세상 속으로 보내시는 기관이다. 세상은 교회를 미워해도 교회는 세상을 사랑해야 한다.

다만 방식에 대하여서는 다시 생각해 보아야 한다. 믿는 사람이 다수파일 때는 법과 제도를 변화시키고 문화적 영향력을 미치고, 교육을 통하여 후세에 전수하며, 이웃 나라들에 선한 영향력을 전하는 방식으로 하나님의 뜻을 이루어야 한다. 그러나 오늘날 우리 시대에는 두려움이 동반된 선행을 보여줌으로 기독교의 우월성을 보여주어야 한다 벧전2:12. 코로나19가 창궐했을 때 교회가 조금 더 적극적으로 세상으로 다가갔다면 지금쯤 한국교회의 위상이 달라지지 않았을까 생각한다.

이념을 뛰어넘는 공동체

지금 대한민국의 이념은 보수와 진보로 양분되어 있다. 정치계뿐 아니라 언론계, 문화계, 교육계 등 모든 분야를 막론하고 보수와 진보가 대립하고 있으며, 헤게모니Hegemony [18] 를 장악하기 위한 투쟁이 일상화되었다. 부끄럽지만 기독교도 예외가 아니다. 코로나19 시대는 한국교회의 지도자들이 이념적으로 우右편향되었음이 분명히 드러나고 더욱 고착되는 시기였다. '세상 안에 있으나 세상에 속하지 않아야 한다'는 예수님이 가르치신 원리에 비추어 본다면 이념과 기독교 신앙은 어떤 관계에 있을까. 기독교 신앙은 보수든 진보든 각 이념의 기초를 제공한다. 그러면서도 기독교 신앙은 이념과 정치권력을 비판하고 이념 간의 갈등을 조정해야 한다. 한 걸음 더 나아가서 기독교 신앙은 새로운 세계, 새로운 이념을 상상해야 한다. 그러나 보수적 이념과 일체를 이룬 한국교회는 시대의 변화를 따라잡지 못하고 있다. 과거의 영광을 회복하려는 시도는 기독교의 하락을 더욱 재촉할 뿐이다.

신앙과 이념을 밀착시켜 동일시하다 보면 그 폐해는 고스란히 교회가 떠안게 된다. 성도들 사이의 이념적 갈등이 심화하여 교회 공동체 내 갈등의 요인이 된다. 더욱이 정치적 성향이 다른 성도는 교회를 떠나는 경우도 생긴다. 특히 초중등학교 학부모인 3040세대의 경우 진보적 성향이 강한데, 이 사실이 주일학교가 약화되고 있는 중요한 원인이다. 많은 경우 다른 교회로 옮기는 대신, 인터넷을 떠돌며 설교만 듣거나 가나안 성도가 되고 만다. 혹은 아주 신앙을 잃어버리는 경우도 많을 것이다.

코로나19 이후에 펼쳐질 세상은 이전보다 훨씬 더 암울한 세상이 될 것이다. 경제적 불평등의 심화, 사회적 분열과 갈등, 민족주의적 고립의 심화, 기후 위기 등이 중요한 의제가 될 것이다. 이미 나라를 반으로 가른 보수와 진보 세력이 더욱 극단으로 치닫게 될 것이다. 마침내는 내부적 결속을 위하여 외부북한, 일본, 중국에 적을 만들고 타 문명과의 대결과 전쟁의 위협으로 나아갈 수도 있다.

이 모든 문제에 성경과 기독교 신앙이 답을 가지고 있다. 기독교 신앙을 가진 이들에게 새롭게 다가오는 세계의 문제를 해결할 지혜와 동력이 있다. 우리 주님은 우리에게 세상을 사랑하고 세상에 참여할 것을 당부하셨다. 교회 자체의 존속과 성장만을 추구하는 교회는 쇠퇴하고 소멸하고 만다. 소금은 녹아서 맛을 내어야 하고, 빛은 등경 위에서 빛나야 하기 때문이다.

한국교회의 공공성

– 목회데이터연구소 지용근 대표

추락한 한국교회 신뢰도

코로나19가 발생했지만 국내에는 크게 문제가 되지 않았던 2020년 1월, 한국교회의 신뢰도는 31.8%였다. 그리고 2021년 1월에는 20.9%로 떨어졌고, 2022년 4월에는 18.1%가 되었다. 조사 대상자 중 기독교인이 있다는 것을 감안했을 때, 비기독교인의 한국교회 신뢰도는 8%에 불과하다. 100명 중 8명만 한국교회를 신뢰한다는 이야기이다. 이미지가 이렇기 때문에 전도가 어렵다. 이런 현상에 대한 책임은 우리에게 있다. 정부에서 현장 예배를 자제하라고 했음에도 불구하고 30%가 넘는 교회가 현장 예배를 드렸다. 그런 면에서 질타를 받았고, 현장 예배를 드리다 감염이 되면 '교회발'이라는 타이틀로 언론에 노출되고, 자연스럽게 일반 국민들은 분노했다. 목회데이터연구소에서 언론인을 상대로 조사한 결과, 한국교회에 대한 비판적 프레임을 갖고 있다는 비율이 절반 정도가 됐다. 여기에 2030세대의 교회 신뢰도가 가장 낮다는 점도 눈 여겨 봐야 한다. 2020년에 바닥까지 떨어졌으니 회복될 일만 남은 줄 알았다. 그러나 올라오기는 커녕, 더 떨어졌다. 그 원인을 찾아보니 대통령 선거가 있었다. 정치적 성향이 강한 일부 목회자들이 특정 후보를 공식적으로 지지하는 모습이 노출되자, 어느 종교인이든 정치에 참여하는 걸 혐오하는 일반 국민들은 또다시 분노했다. 종교는 기본적으로 사회적 약자를 돕는, 구제하고 봉사하는 역할이 크다. 때문에 국민들은 교회가 종교의 역할만 했으면 좋겠다고 말하는 것이다. 과시하지 말고, 오른손이 한 일을 왼손이 모르게 하듯이 그렇게 했으면 좋겠다는 것이다. 종교의 사회적 기능 중 사회통합을 이뤄내려면 이념에서 나와야 한다. 한쪽에 치우치면 안 된다는 말이다.

교회와 사회의 동상이몽

목회데이터연구소에서 '귀하가 출석하는 교회가 지역사회의 발전을 위해 얼마나 기여한다고 생각하십니까' 라는 조사를 진행했을 때, 기독교인의 76%는 긍정적이었다. 그러나 일반 국민은 22%였다. 이렇게 크게 차이가 난다는 것은 양쪽의 생각이 다르다는 것이다.

한국교회는 교회 안에서 우리만 행복하고 잘하고 있는 것이다. 하지만 밖에서는 그렇게 생각하지 않는다. 교회에서 지역사회 봉사를 할 때 그 안에서 모든 걸 결정한다. 정작 지역사회가 무엇을 원하는지는 모른다. 공급자 중심의 봉사를 한다는 의미이다.

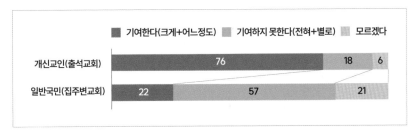

그림 35 교회의 지역사회 복지와 발전 기여 정도
출처 :한국교회 코로나 추적조사(4차), 목회데이터연구소 기독교 통계 147호, 2022

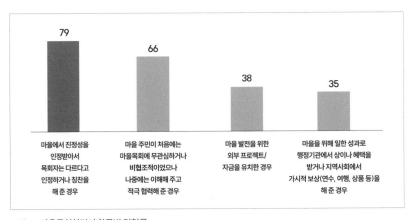

그림 36 마을목회하면서 항목별 경험률
출처 : 마을목회 인식조사, 기독교통계153호, 목회데이터연구소

지역 주민을 온전히 섬기는 방법 '마을 목회'

이것을 해결할 수 있는 유일한 방법은 바로 마을 목회. 마을 목회는 수요자 중심의 교회 봉사라고 생각한다. 교회가 마을 속으로 들어가서 그들과 밥을 먹고 커피를 마시면서 교회가 무엇을 도와주면 좋겠는지 물어보는 것이다. 지역 주민들의 필요는 분명히 있다. 예를 들어 주차난이 심각한 곳은 교회 주차장 활용이 간절할 것이다. 실제로 마을목회를 하는 목회자에게 조사를 해봤더니, 교회를 인정하고 칭찬하는 주민들이 많아진 것을 미루어봤을 때, 교회의 공적 역할에 마을 목회가 중요한 축을 차지할 수 있겠다는 생각이 들었다.

미래를 위한 과제 '환경 캠페인'

또한 교회가 환경 문제에 대해서도 관심을 가져야 한다. 환경 문제가 심각하다는 것은 누구나 알고 있지만, 2030세대는 특히 위협적이라고 생각한다. 청년들은 기성세대가 환경 문제를 일으켜놓고 결국 그 화살이 자신들에게 돌아온 것이라고 생각하고 있다. 그래서 환경 이슈에 대해 어른들보다 더 심각하게 받아들이는 것이다. 한 예로, 교회 청년들에게 교회 만족도를 조사한 결과 환경 문제에 잘 대응하고 있는 교회에 대해서는 만족도가 높게 나왔다.

따라서 미래의 교회와 한국 사회를 생각한다면 반드시 환경 캠페인을 할 필요가 있다. 교인들과 지역 주민에게 '교회가 환경 캠페인을 한다면 참여하겠는가'라는 질문에 꽤 많은 사람이 참여의사를 밝혔다.

덧붙여 일반 국민은 교회가 환경 캠페인을 한다면 한국교회를 신뢰할 것이라는 의견도 내비쳤다.

교회가 세상의 마음을 알았으면 좋겠다. 세상을 오해하는 잘못된 포장을 걷어내고 마음과 마음이 만난다면 세상도 우리를 인정해주지 않을까 생각한다.

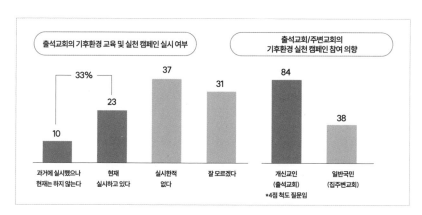

그림 37 출석교회의 기후환경 교육 및 실천 캠페인 실시 여부, 출석교회/주변교회의 기후환경 실천 캠페인 참여 의향
출처 : 기후환경 인식 조사, 기독교 통계(150호), 목회데이터연구소

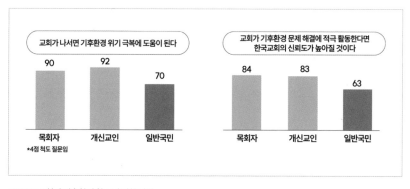

그림 38 교회의 기후환경 활동에 대한 의견
출처 : 기후환경 인식 조사, 기독교 통계(150호), 목회데이터연구소

코로나 시대 교회의 공적 역할
– 실천신학대학원대학교 정재영 교수

전염병이 만드는 위험 사회

코로나19로 한국교회가 굉장히 어려운 시간을 보냈다. 가장 크게 다가온 것은 대면 예배가 제한됐다는 것이다. 전통적인 신앙관을 가진 사람들은 대면 예배의 제한이 곧 신앙생활의 단절로 이어진다고 생각하기 때문이다. 한 목회자가 자신의 SNS에 '예배가 멈추자 예배가 보이기 시작했다'라고 쓴 글이 회자된 적이 있다. 우리가 당연하게 드리는 예배지만 한편으로는 습관처럼 드렸기에 오히려 예배의 본질에 대해 다시 한 번 생각하는 시간이 됐다는 것이다. 이제 안정되어 다시 안전한 사회가 되지 않을까 기대하고 있지만, 울리히 벡Ulrich Beck 이라는 독일의 사회학자는 조금 다른 전망을 내놓았다. "인류 사회가 큰 진전을 이루고 발전해왔지만 그 발전의 과정이 성찰이나 반성 없이 이루어져 왔기 때문에 위험요소가 함께 증가하고 있다"는 것이다. 사회가 발전하면 발전할수록 위험 요소가 같이 늘어난다고 하는 것이고, 그런 점에서 후진국보다는 선진국의 위험 요소가 더 많다는 의미이다. 또 이런 위험이 일시적이고 예외적인 위험이 아니라 환상적이고 보편적이며 일상적인 위험이 되고 있다고 경고를 하고 있다. 어떻게 해서든

지긋지긋한 코로나 사태를 종식시키고 새로운 일상을 맞이하고 싶지만, 그것으로 안전한 사회가 되는 것은 아니기 때문에 항상 위험을 대비해야 되고 이런 상황에서 교회 역시 항상 준비해야 한다고 말하고 싶다.

코로나19 이후 한국교회는 위기다

이런 사회적인 재난이나 위기 때 사람들은 종교를 더 찾고 의지하려는 심리가 있다. 그런데 한국교회의 상황은 그렇게 낙관적이지 않다. 한국교회의 신뢰도가 급격하게 떨어진 것만 봐도 알 수 있다. 우리가 단순히 신뢰를 얻기 위해 신앙생활을 하는 것은 아니지만 신뢰를 얻지 못하면 공신력이 떨어지게 되고, 그렇다면 복음 등 여러 가지 중요한 메시지들조차도 제대로 설득력을 갖지 못하는 일들이 생길 수 있기에 중요하다. 아무리 천국 복음을 외쳐도 믿지 않는다면 귀를 기울이지 않을 것이고, 아무리 선행을 하고 호의를 베풀고 봉사를 하고 좋은 일을 해도 그 의미가 반감될 수밖에 없다.

위기는 곧 기회… 신앙생활을 점검할 때

결과적으로 우리나라 종교 중 가장 많은 사람들이 믿는 종교가 기독교임에도 불구하고 사회적 이미지가 좋지 않다는 것은 교회가 사회와 제대로 소통하고 있지 않다는 것을 단적으로 보여준다. 그런 점에서 우리는 다시 한 번 신앙생활을 점검할 필요가 있다.

뉴노멀 시대의 신앙 공동체

교회는 어떤 공동체인가. 또 코로나 시대, 교회는 어떤 공동체로 존재할 것인가. 초창기 한국 기독교인들은 교회가 아닌 집에서 모였다. 우리가 이상적으로 생각하는 성경의 초대교회도 다락방, 집에서 모였다. 건물은 한참 후에 등장했다. 신앙 공동체가 먼저이고, 나중에 건물에서 신앙생활을 하게 됐다. 120여 년을 지나면서 한국교회는 여러 부침을 경험했다. 여러 변화의 물결이 덮쳐왔고 설상가상으로 코로나19까지 우리를 괴롭혔다. 때문에 이머징 처치Emerging Church [19], 사이버 온라인 처치Cyber Online Church [20], 미셔널 처치 Missional Church [21] 등 다양한 교회에 대한 논의들이 펼쳐졌다. 이제는 뉴노멀 처치New normal Church 에 대해 알아볼 시점에 와 있다.

교회는 건물에만 있는 게 아니다

미국에서 경험한 한 사례를 소개하자면, 다양한 사람이 모여 함께 저녁 식사를 하는 '커뮤니티 디너'라는 모임이 있었다. 주관자는 미국의 오순절 교단에 속한 목회자로 요일별로 서로 다른 장소를 정해 그곳에서 식사를 준비했다. 원탁 테이블이 7~8개 정도 있는, 그렇게 넓지 않은 공간에서 저소득층 사람들과 '혼밥족', 그리고 봉사자들이 어우러져 식사를 한다. 그 목회자는 자신이 생각하는 교회에 대해 들려주었다. 초창기 함께 식사하는 사람들에게 간단하게라도 복음을 전하고 싶었지만 노발대발하는 바람에 한 마디도 하지 못하고 내려왔다고 한다. 그렇게 한두 달 지나고 관계가 형성되면서부터 그 사람들에게 짧게나마 복음을 전할 수 있게 됐다며 'Churchianity' [22]라는 신조어를 언급했다. 기독교를 뜻하는 단어인 Christianity는 그리스도를 따르는 사람들의 신앙을 뜻하지만, 'Churchianity'는 교회를 따르는 사람들의 신앙, 건물 중심적이고 형식적인 교회주의를 뜻한다. 미국교회들이 교회 건물에 국한되어 목회를 하지만, 그 목회자에게 교회는 예수님의 본을 따르는 것이었다. 예수님께서 회당에서도 말씀을 전하셨지만 또 온 마을을 다니면서 이적을 행하시고 병든 자를 고치시고 천국 복음을 선포하신 것처럼 본인도 그런 목회를 하고 싶다는 이야기였다. 그리곤 '이곳이 내 교회이고, 이 사람들이 내 성도'라고 말했다.

'가나안 성도'와 '플로팅 크리스천'

이것만이 교회라고 말하는 것은 아니다. 다만 한 목회자가 현실을 고민하며 이런 대안을 찾아간다면, 오늘날 한국교회도 어떻게 해야 되는지 고민을 해야 한다는 의미이다. 이미 코로나19 이전에도 교회는 크게 변하고 있었다. 모교회에 대한 충성심은 거의 약화되었고 여러 교회에 사람들이 걸쳐서 신앙생활을 하는 경우들도 많고, 교회 간 이동도 심하다. 뿐만 아니라 다양한 신앙에 대한 욕구들로 탈교회 현상도 심하게 벌어지고 있다. 교회에 나가진 않지만 자신은 크리스천이라고 말하는 이른바 '가나안 성도' [23] 들이 많아졌고, '플로팅 크리스천'처럼 갈피를 잡지 못하고 부유하는 사람들도 점점 늘고 있다.

전통적인 관점에서 보면 많이 달라진 형태이기에 그들을 가리켜 신앙이 약화되었다고 말할 수도 있다. 그러나 그렇다면 대안이 없다. 따라서 현실로 받아들이면서 대안을 찾는 것이 더 중요하다. 여러 교회를 다니는 신앙인이라고 할지라도 예배당 중심의 신앙이 아니라 일상생활에서 의미 있게 신앙을 실천할 수 있도록 이끌어주는 것이 점점 중요해질 것이다. 또한 헌금에 대한 생각도 전환할 필요가 있다. 점점 교인들 사이에서도 가치 있는 일에 헌금을 하고 싶어 한다. 예를 들어 우크라이나 전쟁이나 자연 재해와 같은 피해를 입은 사람들을 도와주는 일에 성도들의 마음이 열리게 되는 것이다.

예배당을 벗어나 획기적으로 변화하는 미국 교회

이런 상황에서 교회는 어느 방향으로 나아가야 될 것인가에 대해 진지한 고민이 필요하다. 미국 에모리신학교의 유명한 설교학자 토마스 롱 Thomas Long 교수는 "하나님께서 기존 교회를 무너트리고 새로운 작업을 하고 계신다"라며 "한국교회가 어렵다고 하는데 미국도 마찬가지다. 미국교회는 죽어가는 것이 아니라 변하고 있다. 기존의 예배당이 아닌 아파트 주거공간에서 성경공부를 한다든지 술집과 같은 바 bar에서 예배를 드리는 획기적인 형태가 나타난다"고 말한 바 있다. 실제로 내가 만난 한 선교적 교회Missional Church는 적게는 50명~100명, 많게는 4~500명 정도 모이는 교회였는데 술집에서 모임을 하곤 한다. 쉽게 이해되지 않아 물어봤더니 "한국처럼 카페 사역도 해봤지만 잘 되지 않았다. 단순히 질 좋은 커피를 싸게 파는 게 목적이 아니라 사람들과의 관계 형성 때문에 카페 사역을 하는데 오히려 '나홀로족'이 많았다. 혼자 노트북을 펴고, 귀에는 이어폰을 꽂고 있기 때문에 말도 붙일 수가 없었다. 그래서 실험적으로 펍 Pub 에 모이기 시작했다"고 답했다. 이처럼 예배당 대신 카페나 도서관에서 모이는 교회와 목회자가 없는 평신도 교회, 그리고 교단에 속하지 않은 비제도권 교회들이 점점 늘어나고 있다. 이것은 교회에 대한 새로운 생각과 다양한 필요, 그리고 욕구들이 반영된 결과라고 할 수 있다. 절대성보다는 상대성이나 다양성을 중요하게 생각하는 포스트모더니즘과 대량 생산에서 벗어나 개인 맞춤형 생산과 소비가 중요시되는 4차 산업혁명 시대에 교회가 획일적인 형태를 가지고 메시지를 전달한다면 사람들이 만족할 수 있을지 고민해봐야 한다. 그렇다고 모든 교회가 비제도권 교회로 나아가야하는 것은 절대 아니다. 다만 제도화된 틀을 깨고 다양하고 새로운 시도가 필요한 시대라는 점을 강조하고 싶다.

목회자 중심에서 하나님 나라 백성 중심으로

1970년~80년대는 십자가를 세우기만 하면 교회가 되던 시절이었다.

하지만 이젠 더 이상 그런 시대가 아니다. 그런 점에서 무리하게 성장 중심의 신앙생활이나 목회를 하기보다는 하나님의 백성, 공동체를 생각해야 한다. 코로나19로 우리는 많은 교훈을 얻었다. 모이는 교회와 흩어지는 교회의 균형, 지나친 목회자 중심에서 벗어나 성도 스스로 바로 서고 의미 있게 신앙생활을 하는 게 매우 중요하다는 걸 깨달았다.

전염병 확산을 막은 초기 기독교

그렇다면 포스트코로나 시대, 교회가 어떻게 사회와 소통하고 맡겨진 사명을 잘 감당할 것인지 고민해봐야 한다. 신흥 종교였던 기독교가 어떻게 세계적인 종교로 발돋움하게 되었는지를 설명하는 책, '기독교의 발흥'을 보면, 전염병 대처에 대한 이야기도 소개돼 있다. 당시도 지금처럼 전염병이 창궐하던 시기로, 당시 이교도들은 이 전염병에 대해 일관된 생각을 가지지 못했기 때문에 그냥 도망치고 환자들을 돌보지 않았다. 반면에 소수 종교였던 기독교인들이 이것을 하나님 섭리 가운데 이해하려고 했었고 특별히 이웃사랑의 규범이 있었기에 환자들을 내팽개치지 않고 지극 정성으로 돌봤다는 것이다. 당시 치료제도, 백신도 없었지만 그들의 사랑은 전염병을 극복하는 데 굉장히 도움이 됐고 이런 선행이 크게 영향을 미쳐 여러 요인과 함께 기독교가 세계적인 종교로 발돋움할 수 있었다고 한다.

무한한 사회자본을 가진 교회 공동체

이처럼 교회는 상당한 사회자본을 가진 하나의 시민 공동체라고 할 수 있다. 미국의 유명한 정치학자이자 사회학자인 하버드 대학교의 로버트 퍼트넘Robert David Putnam 교수는 '나 홀로 볼링'이라는 책을 통해 사회자본을 설명했다. 운동을 하면서 대화도 하고 간식도 먹을 수 있는 볼링은 사회자본을 만들기에 아주 좋은 스포츠라고 한다. 그런데 문제는 오늘날 미국에서 볼링을 치는 사람들은 다 '나 홀로 볼링 족'이라고 한다. 혼자 와서 공만 굴리고 가기 때문에 사회의 관계가 형성되지 않아서 사회자본이 점점 쇠퇴하고 있다고 하는 것이 요지이다.

그런데 이런 흐름과 반대되는 곳이 있는데, 바로 교회라는 것이다. 교회는 일주일에 한 번씩 사람들이 정기적으로 모여서 목사님의 좋은 말씀을 듣고 결단하고 기도를 하기 때문이다. 그리고 또 퍼트넘 교수가 주목한 것이 바로 교회 소그룹이었다. 교회 소그룹은 주중에 따로 모여 더 적은 인원들이 친밀하게 사생활을 다 드러내고 기도 제목 나누고 삶을 나누곤 하는데, 이런 친밀한 관계가 교회 소그룹이 아니면 현실적으로 어렵다는 것이다. 그런 면에서 교회는 아주 엄청난 사회자본을 가지고 있고 잠재력이 있다고 해석했다. 또한 교회가 사회적 위기와 재난 시기에 그 역할을 감당하는 게 매우 의미가 있다고 말한다. 우리는 그리스도의 충실한 제자일 뿐만 아니라 건실한 기독 시민이기 때문이다. 내 이웃을 내 몸과 같이 사랑하라고 하셨고, 강도 만난 사람에게 참 이웃이 되어 준 선한 사마리아 인을 말씀하신 것처럼 말이다.

실천 전략으로서의 마을공동체 운동

지금 우리 사회는 공동체가 무너지고, 자살 문제도 심각하다. 사회적 고립도가 높으니 정말 어려울 때 도움을 요청할 수 있는 곳이 없다. 그 역 할을 교회가 한다는 것은 의미가 있고 대단한 일이다. 눈에 보이는 마을 을 깨끗하고 편리하게 만드는 것도 있지만 눈에 보이지 않는 마을 사람들 의 의식을 돌아보는 것, 그래서 공동체적으로 바뀔 수 있도록 만드는 '마 을 공동체 운동'을 교회는 할 수 있다. 사실 교회에겐 낯설지 않은 사역이 다. 그러나 지나치게 복음 전도의 수단 차원으로 이용된 측면들이 있었다. 전도가 나쁘다는 것이 아니라 지역 섬김 사역을 할 때 복음을 함께 전하는 것이 우리에겐 자연스럽지만 세상 사람들은 오해를 하기 때문이다. 그 진 정성을 의심하는 일들이 생길 수 있기 때문에 사회봉사라든지 지역 섬김 을 할 때 가능하면 전도와는 분리할 필요가 있다. 또한, 지나친 도덕적인 우월감에서 은혜를 베풀듯이 하는 것도 여러 가지 문제를 낳을 수 있다. 그 어떤 사람도 동정심으로 다가가면 인격적인 관계가 만들어지기 힘들 다. 이 역시 진정성을 오해받기 쉽다. 공동체의 관점에서 함께 돕고 섬기면 서 공동체를 만들어가는 것이 중요하다.

마을 목회를 통한 선교적 삶

그래서 최근 선교적 교회라는 단어를 많이 쓴다. 영어로 '미셔널 처치 Missional Church'라고 한다. 우리는 선교라고 하면 주로 해외 선교를 떠올린다. 물론 해외 선교도 중요하지만 모든 그리스도인과 모든 교회가 자신이 속한 지역사회에서 선교적 사명을 감당하고 선교적 삶을 살아야 한다. 우리는 더 이상 우물 안 개구리처럼 우리끼리만 좋고 옳다고 하는 것이 아니라 공공의 관점에서 의미가 있고 설득되고 있는지 보는 것이 중요하다. 이제 교회가 구원의 방주로서의 역할만이 아닌 지역사회 속으로 들어가 다양한 선교적 사명을 감당해야 하는 이유이다. 이것이 바로 마을 목회인 것이다. 여러 가지 데이터를 통해 알 수 있듯이 마을 목회는 추락한 한국교회의 신뢰도를 회복할 수 있는 대안이 될 것이고, 선택이 아닌 필수가 될 것이다.

지역사회를 위한 교회의 노력

기독교인의 경우 교회가 지역사회를 위해 강좌나 프로그램을 운영하거나 주차장이나 교회 공간을 빌려주고, 작은 도서관이나 카페, 재활용 가게 등을 운영하는 것에 대해 좋다는 응답이 대부분이었다. 그러나 동대표나 통반장 등 주민자치위원으로 활동하는 것에 대해서는 57.2%만 찬성한다는 의견을 보였다. 교회가 함께 하는 것에 대해서는 상당히 열려 있지만

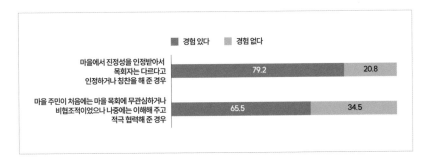

그림 39 마을 목회에 대한 목회자 인식 조사
출처 : 정재영, "마을 목회에 대한 목회자 인식 조사", 2022. 05.20. (전국 목회자 507명, 모바일, 온라인 조사, 2022.03.24.–30)

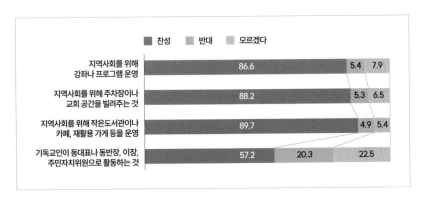

그림 40 교회의 지역사회 관련 활동에 대한 의견
출처 : 기아대책·목회데이터연구소, "코로나19이후 한국교회 추적조사", 2022

본인이 직접 의미 있는 실천을 하고 지역사회를 변화시키기 위해 책임 있는 일을 하는 것에 대해서는 준비가 부족해 보이는 결과이다. 이런 부분까지 고려해 목회하는 데 참고하면 좋을 것 같다.

교회 규모별 마을 공동체 활동

교회 규모별로 마을 내에서의 역할을 조금 다르게 생각할 수 있다. 작은 교회들은 대부분 지역 밀착형 교회라고 할 수 있다. 교인이 백 명만 넘어도 우리 동네에서만 오는 것이 아니기에 지역교회의 성격이 좀 약하다. 그러나 작은 교회는 비교적 동네 주민이 많이 오는 편이기 때문에 작은 교회들은 실제로 다양한 마을 공동체 활동을 직접 할 수 있다. 중형 교회는 규모가 있고, 여러 가지 여력이 있기 때문에 소형교회 역할과 함께 교동협의회나 지역 협의회 등을 통해 마을 목회 환경을 더 잘 만들 수 있다. 대형 교회 같은 경우, 행정과 시민 또는 지역사회를 이어주는 중간 지원 조직 역할을 하는 것도 좋다고 생각한다.

교회와 지역 사회의 동행

마을 공동체 운동의 기본이자 중요한 것은 지역의 필요를 파악하는 것이다. 한 예로 독거노인 안부 사역을 하는 한 목회자가 이런 이야기를 들려주었다. "인사하고 집에 가려는데 할머님이 김치를 주시겠다고 하셨다.

냉장고를 열었는데 손도 안 댄 김치가 몇 박스 있었다. 특정인에게 같은 음식이 중복 지급된 것도 문제지만 더 중요한 건 그 할머님은 김치를 잘 안 드시는 분이었다" 이런 사례에서도 알 수 있듯이 지역에서 정말 필요한 것을 채워주는 것이 중요하다.

또한 교회 자원도 파악해야 한다. 지역사회가 원하는 것을 교회가 해줄 수 없는 경우도 있다. 예를 들어 모든 교회가 주차장을 내어줄 수는 없는 법이다. 따라서 지역에서 필요로 하고 교회가 해줄 수 있는 게 무엇인지 목회적이고 신앙적인 판단이 필요하다. 교회가 하는 데 의미가 있는지, 동네 사람들의 욕심에 동참하고 있는 건 아닌지, 지역 이기주의나 집단 이기주의에 편승하면 안 되기 때문에 균형감 있게 판단하는 게 필요하다.

사회적 기업과 교회

교회가 윤리적 소비, 착한 소비 등 다양한 기업 활동에 기독교 정신으로 참여하는 것도 좋은 일이라고 생각한다. 사회적 기업에 대해서는 많이 들어봤을 것이다. 팔기 위해 고용하는 것이 아니라 고용하기 위해 팔고, 단순히 돈을 벌려고 하는 기업이 아니라 사람들에게 일자리를 주고, 특별히 취업하기 어려운 취약계층에게 일자리를 나눠주는 등 여러 가지 사회적인 기여를 하는 것이 사회적 기업이다. 영리 기업이지만 비영리성으로 사회적인 목적과 기여를 하는 그런 기업을 사회적 기업이라고 한다. 따라서 교회가 기독교인의 사명감을 가지고 참여하는 것도 의미가 있다고 생각한다.

작고 사소한 것부터⋯ 선교적 삶의 첫 걸음

마을 공동체 운동은 특별한 은사가 있는 교회나 목회자가 하는 것이라는 생각을 할 수도 있다. 그러나 결코 그렇지 않다. 작고 사소한 일부터 시작하면 된다. 목회자가 주도하는 것이 아닌 다양한 교회 소그룹을 통해 자발적으로 참여하는 것도 의미가 있다. 중요한 것은 마음이 움직이지 않으면 지속성이 없다. 그래서 진정성을 가지고 지속적으로 하는 게 매우 중요하다고 말하고 싶다.

하나의 밀알이 되어

한국교회는 가장 어려운 시간을 보내고 있다. 십년 후에도 우리 교회가 존재할 수 있을까 하는 고민을 하고 있는 게 현실이다. 그럼에도 불구하고 하나님께서 우리를 이 땅에 교회로 세우신 것은 우리끼리 좋은 공동체를 만들라는 것은 아닐 것이다. 우리보다 더 어려운 이웃들을 돌아보고 우리가 하나의 밀알이 돼서 이 사회에 의미 있는 공동체를 세우는 것이 하나님의 뜻이다. 이 일에 한국교회가 헌신하고 함께 참여하길 바란다.

정재영 교수가 소개하는 사례들

지역사회를 위한 공간 나눔 – 성암교회

이제 지역사회를 섬기고 있는 교회들을 소개하고자 한다. 서울에 있는 성암장로교회는 비전센터를 어떤 용도로 사용할지 지역 조사를 통해 어린이 도서관과 방과후 교실을 운영하고, 카페 사역과 안부 사역 등 다양한 사역을 하고 있다. 중요한 것은 철저하게 지역의 필요를 파악했다는 점이다. 요즘 교회에서 카페를 운영하는 경우가 많은데, 자칫 동네 상권과 경쟁이 될 수도 있기에 잘 고려해야 한다. 시행착오가 있을 수 있기 때문에 시범 사업을 하는 것도 좋은 방법이라고 생각한다.

그림 41, 42 서울 성암교회에서 운영 중인 다섯콩 작은 도서관과 안부 사역이 준비되고 있는 모습

교회가 체육관으로 – 광현교회

서울 은평구에 있는 광현교회는 몇 년 전 교회를 건축할 때 교인들과 충분한 대화를 했다고 한다. 그 내부는 여느 교회에서나 볼 수 있는 장의자가 없다. 접이식 철제 의자를 사용하고 있는데 예배가 끝나면 의자를 치우고 나무 바닥으로 된 체육관으로 변신을 한다. 그리고 그 공간을 주일

오후부터는 주민들에게 빌려주는 것이다. 교회 근처에 있는 주민센터와 함께 다양한 사역도 이어가고 있다. 코로나19가 터지기 전에는 음악회도 열었으며, 지역 신문에 소개가 되기도 했다.

그림 43, 44 예배 후 체육관으로 바뀌는 서울 광현교회

십자가도 간판도 없는 교회 – 광주 숨쉼교회

광주에 있는 숨쉼교회는 서울에 있는 중형교회에서 부교역자로 섬기던 목회자가 아무 연고도 없는 광주에 가서 세운 교회이다. 십자가도 없고, 교회 간판도 없다. 교회가 넘쳐나는 상황에서 또 교회를 세우고 싶지 않아 주민들이 활용할 수 있는 공간으로 만들었다고 한다. 북카페와 작은 도서관 등 지역 주민이 다양하게 활용하는 지역 명소가 되고 있다.

그림 45, 46 광주 숨쉼교회에서 운영하는 복합문화공간 '숨'의 모습

오병이어의 기적 – 안양 신광교회

안양 신광교회는 한때 100명 이상 모였던 교회였지만, 교회 내부의 어려움으로 다섯 명밖에 남지 않았다. 힘든 가운데 일단 마을 주민들과 의미 있는 일을 해보기 위해 바자회를 열었지만 그마저도 쉽지 않았다. 그래서 바자회 수익금으로 작은도서관을 열어 아이들을 책임지겠다며 마을 주민들의 마음을 움직였고 많은 물건을 기증받아 판매하여 500만 원 정도 모이게 됐다. 다섯 명이 모이는 작은 교회의 기적인 것이다. 그래서 절반은 아프리카 공중 화장실 만드는 데 쓰고 남은 돈으로 작은도서관을 만들었다. 이후 동네 아이들과 부모들로 북적이는 모습을 보고 한 불교신자였던 건축업자가 후원금을 건넸다고 한다. 이렇게 교회에서 의미있는 행사를 하면 종교와 상관없이 박수를 쳐주고 동참하는 사람들이 꽤 있다. 이제 이 교회는 50명 정도 모여 예배드리며 이전의 모습을 조금씩 회복하고 있다.

그림 47, 48 마을 연례행사가 된 신광교회 바자회와 교회에서 운영 중인 징검다리 어린이 도서관의 모습

마을학교를 운영하는 교회 – 부천 새롬교회

부천에 있는 새롬교회는 큰 교회는 아니지만 오래전부터 여름성경학교가 아닌 마을학교를 하며 동네 주민들과 가깝게 지내면서 돌봄센터 운영, 미디어 마을학교 운영 등 다양한 지역 활동을 하는 교회로 알려져 있다. 몇 년 전에는 떡카페 협동조합을 만들어 운영하기도 했다. 교회가 인큐베이팅

해서 지역사회에 내놓겠다는 것이다. 교인들끼리 하는 경우가 대다수인 반면, 지역 주민과 함께하

며 교회가 협력해 결국 지역사회에서 자체적으로 운영할 수 있도록 내놓는다는 건 상당히 의미가

있다.

그림 49, 50 새롬가정지원센터와 마을 주민 대상으로 한 미디어 마을학교를 운영중인 부천새롬교회

사회적협동조합 – 일산 거룩한빛광성교회

일산에 있는 거룩한빛광성교회는 '장터'라는 사회적 협동조합을 만들기도 했다. 이곳은 물건을

거래하는 장터이자 장애인과 새터민에게 안정적인 일자리를 제공하기 위해 설립된 협동조합이

다. 여러 시행착오와 어려움이 많이 있었지만 카페 운영을 통해 의미 있는 활동을 이어가고 있다.

그림 51, 52 장터 사회적협동조합에서 운영중인 카페 '풍경'의 모습

한국교회 공공성 회복을 위한 제언

— 용인제일교회 임병선 목사

교회를 흔드는 '개인주의'

한국에 복음이 들어온 지 130년이 넘었다. 긴 역사를 지나 교회가 성장해오면서 교회 안에 우리도 모르는 기득권이 생겼다. 이들이 복음의 본질을 훼손하고 있는데도 그 원인이 교회 안에 있지 않다고 생각하는 것이 지금 한국교회의 위기를 만들고 있다. 예를 들어, 성도들은 교회에 새가족이 오는 걸 좋아한다. 다만 자신에게 피해가 오지 않는 선에 한해서다. 새가족이 열심히 신앙생활을 하면 칭찬하고 격려해주는 게 아니라 '교회에 온 지 얼마 안 됐는데 왜 이렇게 설쳐'라고 생각하는 사람도 있다. 결국 새가족이 자신에게 피해를 줄 때 반응하는 사람들, 이것이 바로 기득권이다.

이런 경우도 있다. 리더의 자리에서 '좀 쉬어야겠다. 그만둬야겠다'며 진심이 아닌 말로 힘들게 하는 사람이 있다. 그런 행동에 '저 분 꼭 붙잡아야 한다. 안 그러면 이 부서 망한다'며 걱정하는 사람들에게 이런 말을 하고 싶다. '그럼 그 부서는 하나님의 부서가 아니라 그 사람의 부서이다'라고 말이다.

처음 부임했을 때 우리 교회에서 헌금을 제일 많이 드린 두 분이 교회를 떠났다. 많은 성도가 찾아와 '저 두 분이 교회를 떠나면 교회가 어려워진다'고 입을 모았다. 그때 나는 '저 분들이 교회를 떠나서 무너지고 어려울 정도면 우리 교회는 망해야 한다'고 말했다. 이 교회는 그 분들의 교회가 아닌 하나님의 교회이기 때문이다.

교회의 패러다임 전환

수없이 반복되는 한국교회의 위기와 다음세대의 문제는 어떠한가. 하던 대로 하기 때문에 위기가 이어지는 것이다. 하던 대로 했는데 문제가 일어났다면 변화가 필요하다. 그런데 한국교회의 변화는 얼굴은 그냥 놔두고 메이크업을 하고, 옷을 갈아입는 정도만 하고 있다. 그것이 아닌 패러다임의 전환, 어쩌면 위험한 도전을 하지 않는다면 한국교회의 미래는 없다.

욕 안 먹는 교회를 건축하기

"하나님 요즘 건축하면 다 욕합니다. 교회 밖에서도 욕하고 성도들도 욕하는 게 교회 건축입니다. 그런 건축을 왜 저에게 맡기십니까"

용인제일교회에 부임하고 2년 만에 교회를 건축하기 시작했는데, 사실 이 땅은 원로 목사님께서 준비하셨던 곳이었다. 그래서 어쩔 수 없이 건축을 시작하게 됐지만 부담감에 이런 기도를 올려드리게 됐다. 그때 하나님

그림 53 지역사회와 다음세대를 위해 건축된 용인제일교회

께서는 '욕 안 먹는 건축을 해 봐라'는 마음을 주셨고 그렇게 완공된 용인제일교회는 다음세대와 지역사회에게 교회의 공간을 내주었다.

외부 인력으로 만들어진 교회

교회는 건물이 아니다. 교회는 예수 그리스도를 주로 고백한 우리들이다. 때문에 한국교회 개혁을 이야기하는 사람들이 '교회 건물은 필요 없다'는 이야기를 하는 것이다. 하지만 건물이 필요한 상황도 있다. 그래서 교회 건축을 자유롭게 해보자는 마음이 들었다. 일단 우리 교회에는 건축위원회가 없다. 교회가 건축위원회 없이 교회를 짓는다는 건 쉬운 일이 아니다. 그럼에도 불구하고 건축위원회를 없앤 이유는 교인들로 구성되기 때문이었다. 필요한 것을 이야기하다보면 결국 기득권을 위한 공간이 될 수밖에 없다. 그래서 나와 다음세대 전문가들, 각계 문화 전문가와 젊은 건축가들을 모아 팀을 꾸렸다. 나를 제외한 모든 인력이 우리 교회 교인이 아니었다. 교회 안팎의 요구를 조사했고, 또 성신여자대학교 건축학과 학생들에게 '교회 건축을 하면 어떤 건물, 어떤 용도를 넣겠는가'라는 주제의 프로젝트도 줬다. 그 결과 최고의 작품이 나왔고 1등한 학생들에게 한 학기 장학금을 지급했다.

일주일 내내 불이 꺼지지 않는 '복합 공간'

교회가 지역 주민과 호흡하지 못하면 지역 사회로 나아갈 수 없다. 하나의 섬이 되지 않고 사회적으로 유익한 일을 감당하고 있다는 것을 알리기 위해 교회의 공간을 '주중주일 복합공간'으로 꾸몄다. 대부분 교회 건축을 할 때, 예배를 위한 공간으로 만든다. 그런데 수많은 건축비를 쓰면서 교회 공간이 단순히 주일 하루 사용하는 공간으로 사용되는 건 안 되겠다는 생각이 들었다. 그래서 용인제일교회는 일주일 내내 사용할 수 있는 복합 공간으로 건축하게 되었다.

우리 교회에는 보통의 교회에서 볼 수 있는 영아부실, 유치부실 등이 없다. 주중에 어린이 소극장으로 쓰이는 공간이 주일에 영아부실이 된다. 또한 전면 거울이 있는 댄스 연습실은 주중에는 용인대 학생들이나 지역 주민들이 사용하고, 주일에는 유치부실로 변신한다. 유년부실은 실내 풋살장이다. 다채로운 공연이 펼쳐지는 극장 '닻'은 청소년부와 청년부가 주일 예배를 드리는 곳이 되고, 배드민턴을 치고 농구도 하는 실내 체육관은 초등부 예배당이 된다. 1,100인치 LED가 있는 본당에서는 영화상영과 문화 공연을 할 수 있고, 최근엔 패션쇼도 열렸다.

이렇게 주중에는 마음껏 지역주민이 이용할 수 있는 공간으로 꾸며놓고, 주일에는 예배를 드릴 수 있는 공간으로 만들었다. 중요한 건 교회의 공간만 내준다고 사용할 수 있는 게 아니다. 예를 들어 문화 공연을 하기 위해 영상과 음향, 조명에만 40억 원 가까이 들였다. 그런 것을 교회가 희생하지 않으면 할 수 없기에 어떻게 해서든 교회 공간이 지역 주민과 다음

그림 54, 55, 56, 57 용인제일교회의 주중, 주일 복합 공간(본당, 실내체육관, 실내풋살장, 댄스연습실)

그림 58, 59, 60, 61 용인제일교회에서 운영 중인 편의점, PC방, 키즈카페(라라랜드), 전시실

세대를 위해 사용되어지는 공간으로 만들려고 애를 썼다.

지역 주민과 다음세대의 발걸음을 교회로

이렇게 주중에도 사용하는 공간이 되려면 먹거리도 필요하다. 식당은 만들 수 없어 고민하다가 편의점을 생각해냈다. 여러 상황을 거쳐 무인 시스템 편의점이 입점했다. PC방도 운영하고 있는데, 이 PC방을 통해 전도의 물결이 거세게 일었다. PC를 이용하기 위해서는 비밀번호를 입력해야 하는데, 그것을 성경 구절로 만들었다. PC를 이용하려면 예수님을 믿는 아이나, 그렇지 않은 아이나 성경 한 구절을 쳐야 사용할 수 있다. 교회에 한 번도 다니지 않았던 아이들이 PC방을 거쳐 예배의 자리까지 나아는 것도 보게 된다. 그리고 카페 옆에는 에어바운스를 만들어 마치 키즈카페처럼 꾸며 아이들은 마음껏 뛰어놀고 엄마들은 곁에서 이야기를 나눌 수 있게 했다. 이밖에도 전시실과 세미나실, 방송스튜디오와 북 카페 '청', 글로리 계단인 '이음도서관'과 키즈홀, 그리고 창업 아이디어를 서로 나눌 수 있는 '청춘 개러지'까지. 어떻게 하면 지역 주민과 다음세대가 교회로 발걸음을 옮길 수 있는가 하는 고민 속에서 교회 공간을 만들었다고 보면 된다.

한국교회의 미래를 위한 몸부림

우리 교회가 정답이라고 생각하지 않는다. 하지만 한국교회가 위기이고, 다음세대가 교회를 떠난다면 어떤 몸부림이 있어야 하지 않을까. 뭐라도 해봐야 하지 않을까. 하나님께서 이 위기의 시대에 복음의 본질을 붙잡고 뭔가를 해보려는 사람들을 찾고 계신다는 생각이 든다. 조금 문제가 있고 실패해도 하나님께서는 격려해주실 것이다. 우리 교회의 도전과 시도에 문제가 있고 실패했다면 다음 교회가 그것을 딛고 새로운 것을 만들어내면 된다. 그것만으로도 우리는 이 시대에 사명을 다하는 교회가 될 것이다. 이것은 우리 교회의 한국교회 미래를 향한 몸부림이다.

목회자와 성도, 모두 '선교사'

보통의 교회 모습이 아닌 교회를 건축하려고 했을 때, 기득권을 내려놓은 우리 성도들이 있지 않았다면 불가능했을 것이다. 공간을 개방하다 보니, 추가적인 비용도 만만치 않다. 이 부분에 대해 성도들은 '거기까지 하는 게 선교'라며 아랑곳하지 않는다.

한국교회는 큰 교회나 작은 교회나 공간의 용도에는 차이가 없다. 다만 크기의 문제일 뿐이다. 힘들고 어렵다는 말은 문제를 해결해주지 않는다. 스스로 대안을 만들어 가야 한다. 우리 안에 새로운 도전이 필요한 이유다.

지역 사회의 마음과 삶을 책임지는 '십리 프로젝트'

지난해부터 '십리 프로젝트'라는 것을 시작하게 됐다. 우리 교회가 대한민국과 전 세계의 모든 걸 책임질 수 있는 교회는 아니겠지만, 최소한 우리 교회 반경 4km 내는 책임져야 한다는 고민 때문이었다. 작년에 우리 교회 주변에 있는 한 역에서 청년이 투신자살을 하는 일이 발생했다. 그 기사를 보며 2km 안에 우리 교회가 있는데 한 사람의 죽음을 막지 못했다는 마음에 매우 힘들었다. 힘들고 어려울 때 찾아올 수 있는 교회가 되어야 하는데 그렇지 못했다는 게 마음 아팠고 나아가 사회적 책임을 다하지 못했다는 생각이 들었다. 그래서 공간만을 내주는 게 아니라 그들의 마음과 삶을 책임질 수 있는 교회가 됐으면 좋겠다고 생각했다. 그렇게 시작된 '십리 프로젝트'는 크게 세 가지로 나뉜다.

1855-4620 '생명사랑캠페인'

먼저 우울증이나 여러 가지 문제로 자살을 생각하는 사람들을 위한 '생명사랑캠페인'. 1855-4620 번호로 전화를 주면 상담에서 끝나는 것이 아니라 그들을 직접 만나 함께 해주고 밥도 먹고, 극단적인 생각을 하지 않도록 옆에 있어준다. 사역자와 전문 상담사로 이루어진 2인 1조가 24시간 항시 대기중이다.

공유 냉장고 '사랑나눔서비스'

두 번째는 '사랑나눔서비스'. 우리 교회 주변에는 절대로 굶는 사람이 없었으면 좋겠다는 마음으로 사랑나눔캠페인을 진행하고 있는데, 교회에 있는 공유 냉장고로 어렵고 힘든 이웃에게 사랑을 나눈다. 이 냉장고에는

그림 62, 63 용인제일교회의 생명사랑팀과 사랑나눔 냉장고

쌀과 반찬, 라면 등이 있는데 모두 성도들의 사랑으로 채워졌다. 사랑 나눔 팀에서 지역 행정복지센터와 연결해 그곳에서 도와주지 못하는 분들을 직접 찾아가 반찬과 식료품을 나눠주고 있다.

따뜻한 겨울나기 '소망지원캠페인'

마지막 '소망지원캠페인'는 난방비나 전기가 끊긴 가정을 찾아가 1회에 한해 대납해주는 것이다. 한 계절만큼은 최소한 살아남을 수 있는 여건을 만들어주고 싶어 시작하게 됐다.

새로운 패러다임으로 나아가자

중요한 것은 목회자들이 지역 사회와 다음세대를 위한 생각을 바꾸지 않으면 한국교회의 미래가 불투명하다는 점이다. 교회는 각자 규모도 다르고, 지역도 다르다. 그렇기 때문에 목회자들이 그 지역에 대한 고민과 함께 우리 교회에 대한 이해를 가져야 한다. 한국교회는 늘 어려웠다. 그렇다면 새로운 시도를 통해 어려움을 이겨내고 극복할 방법을 찾아야 하는 것이 아닌가. 복음을 들고 지역사회와 소통하며 세상의 빛과 소금의 역할을 감당할 수 있는지 시도해 봐야 한다는 것이다. 미래를 향한 새로운 패러다임을 통해 한국교회의 발전 방향을 지역사회에 맞게 고민하고 나아간다면 분명한 답을 찾을 수 있을 것이라고 확신한다.

ESG 경영 시대, 교회의 역할
- 김포 아름다운교회 전규택 목사

세상의 모든 것과 생명체는 하나님의 것

"땅과 거기 충만한 것과 세계와 그 중에 거하는 자가 다 여호와의 것이로다 여호와께서 그 터를 바다 위에 세우심이여 강들 위에 건설하셨도다"

시편 24편 1절~2절

시편 24편 1절에서 2절의 말씀은 세상의 모든 것과 모든 생명체는 다 하나님의 것이라고 고백하고 있다. 그런데 어느 날, 그동안 내 설교에는 하나님과 인간, 인간과 인간만 있었지 인간과 자연의 관계 회복에 대한 메시지가 전혀 없었다는 것을 깨닫게 되었다. 십자가의 정신을 온전히 구현할 수 있는 인간과 자연의 회복됨에 대해 대안을 제시하지 않으면 내 복음은 반쪽 복음이라는 생각으로 환경운동을 시작하게 됐다.

기후 위기의 시대, ESG 경영은 필수

이제까지 기업과 투자자들에게 가장 중요한 것은 매출과 영업이익 같은 재무적 요소들이었다. 적은 비용을 들여 얼마나 많은 이익을 얻었는지 숫자로 나열하고 그것으로 기업의 점수를 매기는 방식이었다. 그런데 이런 숫자만으로는 한 기업에 대해 정확하게 알 수 없다는 생각이 시작되었다. 지구의 자원을 마음껏 뽑아 쓰고, 힘겨운 삶을 사는 남반구 사람들의 노동력을 싼값에 사용하는 것으로 얻어진 거대한 이익의 숫자에는 한계가 있다는 것을 많은 사람이 깨닫기 시작했기 때문이다.

그래서 기업의 운영이 사회에 어떤 영향을 미칠 수 있는지, 비재무적 가치를 평가하기 위한 노력이 시작되었다. ESG라는 기업 경영 원리가 주목받기 시작된 것이다. ESG는 환경Environmental, 사회Social, 지배구조Governance 의 영문 첫 글자를 조합한 단어이다. 지속가능한 발전, 지속가능한 이익창출을 위해서는 이 3가지 핵심 요소에 책임감 있는 모습을 보여야 한다는 의미이다. 어떤 자원을 사용해 생산하는지, 생산 과정에서 발생하는 쓰레기나 폐기물의 양이 얼마나 되는지, 노동자에게 어떤 처우를 하고 있는지, 인권과 다양성을 위해 노력하고 있는지, 내부의 의사결정 과정이나 채용과정이 투명하고 민주적으로 운영되고 있는지와 같은 것들이 이 기업이 오래도록 유지되며 성장할 수 있는지를 보여준다고 믿게 된 것이다.

이러한 인식의 변화에 가장 큰 이유가 있다면 단연 기후위기 때문일 것이다. 인간의 욕망을 위해 자연을 훼손하는 일은 이제 한계에 다다랐다. 획기적인 변화가 없다면, 이익과 손해가 문제가 아니라 생존을 걱정해야 하는 현실이 코앞에 다가왔기 때문이다.

그림 64 ESG 3가지 핵심 요소

교회와 ESG 경영

기업은 이제서야 이런 가치들에 관심을 기울이기 시작했지만, 사실 그리스도인이라면 이런 부분에 관심을 가져야 하는 것이 당연한 일이었다. 하지만 그동안 교회와 그리스도인들은 그 본분을 망각했다.

기업은 이익을 창출하는 곳이다. 이익을 창출하기 위해 고객의 니즈와 사회적인 요구, 국가적인 요구와 전 세계적 협력에 대한 대안이 필요하다. 그들은 이익을 지속 가능하게 증진시키기 위해 ESG 경영을 하는 것이다. 그러나 교회는 조금 다르다. 교회는 이익이 아닌 공공성을 추구하는 곳이다. 복음의 이야기가 그렇다. 예수 그리스도가 이 땅에 오신 이유와 사랑을 실천하는 삶, 십자가와 부활의 의미를 알아야 한다. 교회의 본질은 희생과 섬김, 헌신과 사랑이다. 이 사회와 좋은 관계를 맺고, 관계가 틀어졌다면 회복시키는 것이 십자가의 정신이다. 소망이 없는 사람들에게 희망을 주는 것이 부활이고, 공정하지 못한 사회 가운데 공정과 정의가 무엇인지 보여주는 것이 재림의 의미이다.

따라서 기업의 필수적인 생존 전략과 교회가 추구하는 것은 다르다. 물론 교회도 갑자기 맞이한 코로나19로 생존 전략의 필요성을 느꼈지만, 기업을 따라가서는 안 된다. 이익을 추구하는 기업과 달리 교회는 희생과 섬김, 사랑이 지배하는 곳이어야 하기 때문이다.

이윤 추구가 최고의 가치인 기업들이 진정한 의미의 '가치'를 생각하게 되었다는 점에서 교회도 몇 가지 배울 수 있는 부분이 있다. 첫째, 세계와 사회의 고객들을 바라보는 관점을 변화시켰다는 점이다. 교회도 어떻게 사회를 바라보고 있었는지, 세계화 시대에 지구촌 곳곳을 어떤 시선으로 바라보고 있었는지 점검해 보아야 한다. 둘째, 기업이 세상을 향한 '상생 희망'을 제시했다는 점이다. ESG 경영 선언은 기업이 세상을 향해 이익뿐이 아니라 상생도 생각하겠다는 다짐이다. 오늘의 한국교회는 세상에 희망을 제시하고 있는지 돌아보아야 한다. 부끄럽게도 현실은 그렇지 못한 것 같지만 말이다. 셋째, 기업을 판단하는 지표가 숫자에서 ESG 경영으로 바뀌었다는 점이다. 여기에서 자문하지 않을 수 없다. 우리가 생각하는 좋은 교회는 어떤 교회인가? 만약 우리가 교회를 판단하는 지표가, 얼마나 많은 사람이 모이는가, 위대한 건축물을 가지고 있는가, 헌금이 얼마인가와 같은 것이라면 ESG와 같은 새로운 기준이 필요할 것이다. 중요한 사실은 기업들이 ESG 경영을 하게 된 것은 스스로 한 선택이 아니라는 지점이다. 기업은 투자자와 고객의 신뢰를 얻어야 하기에, 그들의 요청으로 ESG 경영을 선택하게 되었다. 교회의 새로운 지표는 교인들과 교회가 속한 지역사회의 요구가 무엇인지 귀를 기울이는 곳에서 건져낼 수 있을 것이다.

교회의 본질은 무엇인가

성경은 교회를 '예수 그리스도로 말미암아 거듭난 사람들'이라고 정의

한다. 또한 이 거듭난 사람들이 동일한 신앙 고백의 공동체를 이루어 유기적이며 영적 의미를 지닌 '코이노니아'를 지향하는 것이 바로 교회의 본질이다. 따라서 교회를 세워나간다는 것은 예수님으로 인하여 구원받은 교회들 간에 친밀한 교통과 막힘없는 소통, 그리고 서로간의 끈끈한 사랑과 배려, 섬김이 더 진지하고 깊이 있게 실천되는 영적 공동체를 만들어가는 것이다. 따라서 교회의 성장은 외형적인 건물이나 재정, 사역의 확대가 아닌 내면적이고 영적인 성숙을 의미한다.

복음을 들고 교회를 세우다

또한 교회를 세워나간다는 것은 그리스도 예수의 장성한 분량에까지 이르도록 하는 것이고, 하나님의 형상대로 지어져 가는 것이다. 따라서 하나님의 형상대로 지어진 교회가 세상 사람들에게 복음을 전하며, 함께 공동체를 이루어 가는 것이 하나님 나라의 확장이자 교회를 세워가는 것이다.

'먼저 그 나라와 그 의를 구하라'

위기의 시대, 교회의 대안은 딱 한 가지이다. 그것은 바로 본질을 찾아가는 것이다. 예수 그리스도의 사랑과 삶, 정신이 우리 개인과 공동체에 확산되어 나갈 때 교회는 이 세상의 대안이 될 수 있다. 현재까지의 교회는 세상에 빠져 있었다. 교회의 목표가 성장과 성공에 맞춰져 있었다. 본질에 초점을 맞춘다면 성장과 성공, 축복은 따라오게 돼 있다. 그것이 바로 '먼저 하나님 나라와 의를 구하라'는 예수님의 말씀인 것이다.

'창조하신 그 모습 그대로' 환경사역

그 말씀을 가지고 우리 교회는 하나님께서 주신 환경과 사회에 대한 사역을 진행하고 있다. 환경사역을 하는 첫 번째 이유는 하나님께서 모든 생명을 창조하셨기 때문이다. 모든 생명의 주인은 하나님이시고, 이것을 유지시키는 물과 대기, 토양을 만드신 분이 하나님이라는 걸 고백하는 것이 첫 번째 이유이다.

두 번째 이유는 지금까지 우리 오염원들을 아무렇게나 내버려두고 책임지지 않는 삶을 살아왔기 때문이다. 우리가 매일 버리는 쌀뜨물이 얼마나 환경을 오염시키는지 아는가. 이 물을 정화하려면 팔당댐에 담수되어 있는 물 3배가 들어간다고 한다. 따라서 우리 교회에서는 오염원을 그냥 버리지 않고 정화원으로 만들고 있다.

세 번째 이유는 생명을 병들게 하고 죽이는 환경 파괴는 하나님의 뜻을 거스르는 것이기 때문이다. 그래서 우리 교회 환경센터에서는 수경재배를 하고 있으며, 토경 재배에는 농약과 화학 비료를 쓰지 않는다. 그리고 오염된 지역 하천을 정화시키기 위해 미생물을 통한 작업도 진행하고 있다. EM원액도 만들고 환경을 오염시키는 샴푸와 린스, 바디워시 대신 미생물 비누로 환경을 되살리기 위해 노력하고 있다. 이밖에도 미생물로 만든 액체 비료와 음식물 쓰레기, 커피 찌꺼기를 퇴비로 활용한다.

또한 인근 골프장에 미생물과 친환경 농약을 나눠 환경도 보호하고 골프장 잔디까지 건강하게 만드는 일석이조의 효과를 누리기도 했다.

'하나님의 선물' 건강한 먹거리

우리 교회에서 키우고 있는 1,500여 마리의 닭을 통해 공급되는, 항생제와 백신, 성장 촉진제와 호르몬제 등을 전혀 사용하지 않은 친환경 달걀은 하나에 1,000원에서 1,200원 정도 하는데 지역사회에서 인기가 많아 정작 교인들에게는 제공할 수 없을 정도다. 여기에 매주 목요일에는 천연 발효빵도 만들어 지역사회의 필요한 분들에게 아낌없이 나눠주고 있다. 그리고 칠순이 넘고 팔순이 넘은 권사님들의 레시피로 탄생한 천연 된장과 간장, 고추장, 청국장도 인기다. 매주 가장 전통적인 방식으로 장들을 만드는데, 이 시간은 어르신들을 위한 아주 좋은 시간이 되기도 한다. 이때 가장 중요한 것은 이익을 남기기 위해 이런 사역을 하면 반드시 실패한다는 것이다. 이 사역은 희생과 섬김과 나눔의 정신으로 할 수 있어야 한다.

선교지의 선한 영향력 '환경 운동'

환경 운동은 선교지에서도 반응이 뜨겁다. 중앙아시아 키르기스스탄

크리스천 인사이트

에서 미생물 농법을 전한 바 있는데, 그때 강의를 들었던 한 청년이 자신의 텃밭을 가꿔 큰 수확을 거뒀다며 연락을 해왔다. 이처럼 환경 운동과 좋은 먹거리는 선교지에서도 아주 좋은 영향력을 끼칠 수 있는 것이다.

마을 목회의 가능성

이것은 마을 목회와도 연결된다. 미꾸라지를 방생하고 EM배양액과 흙공을 넣어 죽어가던 하천을 되살리고, 좋고 건강한 먹거리를 제공하자 마을 사람들의 발걸음은 자연스럽게 교회로 향했다. 이렇게 마을과 충분히 공감할 수 있는 통로가 생긴 것이다. 그리고 우리 교인들이 코로나19 재난 지원금 수천만 원을 마을에 기부하며 소통의 창구가 되기도 했다. 또한 우리 교회에 새로 나오게 된 한 청년이 환경을 오염시키는 대규모 축산 농장을 반대하기 위해 비건 음식을 지향하고 있다고 하자 식탁 교제에서 햄과 같은 것들이 사라지기 시작했고, 조깅을 하면서 쓰레기를 줍는 '줍깅'은 마을 사람들에게 한층 더 가까이 다가가는 계기가 되었다.

환경 운동은 어른들보다 자라나는 다음세대를 위한 운동이 되어야 한다. 그들이 우리보다 훨씬 더 창조적인 생각을 가지고 창의적인 사고를 하며 도전적이고 모험적인 행동을 할 수 있는 사람들이기 때문이다. 그들에게 가장 관심을 갖고 초점을 맞추는 것이 현재 우리 교회의 지향점이다.

하나님의 농법

지난 2021년 5월 1일, 제2환경센터가 개원했다. 그곳에서 도시 농업과 텃밭 농사를 하는데 우리 교인뿐 아니라 지역사회 사람들의 절반 정도 _{우리 교인 100가정, 지역 사회 50가정} 를 참여시키고자 한다. 일명 '하나님의 농법'이라고 이름 붙였는데, 누구나 쉽게 할 수 있고 돈이 들지 않는 게 특징이다. 하나님께서 창조하신 이 세계에서 빌려와 다시 돌려드리는 농법인 것이다. EM보다 더 많은 미생물을 가지고 있는 부엽토와 다른 자연의 미생물들을 활용해 농사를 짓는 '하나님의 농법'을 교육하고 홍보하면서 마을 주민들에게 다가가고 있다.

또한 아이들이 자연스럽게 친환경에 대해 이해하고 환경 파괴가 가져올 피해에 대해 몸소 체험할 수 있는 공간도 마련되어 있다. 이곳에서 다음세대에게 이 세상에서 돈을 많이 벌어 성공해야겠다는 생각이 아닌 환경 문제를 잘 연구해서 세상 모든 사람과 더불어 살아가야겠다는 가치관을 심어주고 있다.

'하나님 나라' 가장 이상적인 삶의 모델

그렇다면 교회의 지배 구조는 어떻게 가는 것이 좋을까. 그 해답은 성경에 나와 있다. 이사야 11장의 말씀을 보면 하나님 나라는 세상 사람들이 볼 때 가장 이상적인 삶의 모델이라고 할 수 있다. 강한 자와 약한 자가 공

그림 65, 66 김포 아름다운교회의 환경센터

존하고 상생할 수 있는 나라, 이 사회의 약한 자들이 소외되지 않고 약한 어린이가 짐승과 함께 뛰어놀 수 있는 나라를 성경은 우리에게 제시하고 있기 때문이다. 이런 지배 구조가 교회에 필요한 것이다.

코로나19가 남긴 것

코로나19로 많은 교회가 심각한 상황에 이르렀다. 그러나 우리 교회는 이 시기를 철저하게 복음 전파, 선교를 위해 준비하는 시간으로 삼았다. 예를 들어 주일 설교를 사도행전 1장부터 18장까지 강해 설교를 하면서 말씀으로 무장될 수 있도록 하였다. 또한 그 기간 동안 환경 운동을 위한 공간들도 준비했다. 코로나19는 사람들에게 환경에 대한 관심을 갖도록 해 주었다. 지구상의 어느 한 부분이라도 무너지면 전 세계 환경이 무너질 수 있다는 사실을 깨닫게 해주었기 때문에 이 또한 복음 전파의 아주 중요한 도구가 될 수 있을 것이다. 코로나19로 교인을 잃었을 수 있지만 하나님께서 이 환경을 다스리신다는 진실을 이 세상 가운데 드러낼 수 있었던 좋은 계기가 되었다고 생각한다.

한국교회 변화와 공존을 위한 인사이트

이제는 한국교회의 변화와 공존을 위해 우리의 통찰력을 모아야 한다. 환경운동가 폴 콜먼Paul Coleman 의 <지구를 걸으며 나무를 심는 사람>이라는 책을 보면 "한국 종교인은 <아파트 전도 이렇게 해보자>나 <놀라운 아파트 전도 어프로치> 같은 책을 써낸다. 사람들이 아파트에 많이 살게 되니 당연히 아파트에 찾아가서 종교를 퍼트리는 데에 마음을 쏟는 것이다. 참 대단하구나 싶으면서도 무섭다. 참 끔찍하기도 하다."라고 기록돼 있다. 한국교회의 현실을 잘 꼬집는 대목이 아닐 수 없다고 생각한다. 교회가 환경과 사회 문제에 관심을 가져야 할 이유가 바로 이것이다. 더 이상 숫자 늘리기를 위해 아파트를 공략하는 방식으로는 안 된다. 접촉점과 감동을 줄 수 있는 매개체, 그리고 교회로 올 수 있게 하는 대안이 필요하다. 이제는 교회끼리의 경쟁이 아닌 연합 구도로 갈 수 있어야 한다. 위기의 한국교회를 살릴 수 있는 방법은 단 하나이다. 바로 예수 그리스도의 정신을 이 땅에 구현하겠다는 본질이다. 그것을 찾아간다면 ESG경영 시대에 교회가 충분한 대안이 될 수 있다고 확신한다.

교회여, 다시 한번 선교적 교회를 지향하라

선교적 교회의 원리는 교회 자체의 성장이 아닌, 이 세상에서 하나님의 나라를 확장하는 개념이다. 새로운 시대의 교회는 삶이 선교가 되게 하고, 삶의 자리가 하나님의 나라가 되게 하는 것에 초점을 맞추어야 한다. 교회가 환경운동을 실천하고 사회와 바람직한 관계를 맺으며, 하나님이 기뻐하시는 지배구조를 추구하는 것, 그 자체가 선교인 것이다.

사례
소개

마을이 곧 나의 교구

- 양평 공명교회

문학과 자녀교육, 인문학과 사회과학 등 다양한 책을 만날 수 있는 곳. 경기도 양평군 교평리에 있는 '책보고가게'이다. 책방지기들의 특별한 안목이 드러나는 책들과 더불어 따뜻한 차도 한 잔 마실 수 있고, 책을 통해 쉼과 새로운 꿈, 비전을 발견할 수 있다.

'책보고가게'를 운영하는 황인성 목사와 백홍영 목사는 책방지기이자 공명교회 공동목회자다. 선교사를 꿈꾸던 두 목회자가 해외가 아닌 대한민국 양평을 선교지로 삼아 교회 출석 유무와 상관없이 그 지역 내에서 도움이 필요한 사람들, 특별히 아이를 키우는 젊은 부부의 상황을 함께 공감하고 나누는 공유의 장소를 마련한 것이다. '책보고가게'의 강점은 바로 차별화된 문화강좌. 영어로 동화책 읽기부터 한자교실, 자수와 포토샵 강좌 등 다양한 수업이 진행되고 있는데 단순히 강좌만 듣고 끝나는 것이 아니라 지속적으로 대화를 하고 차도 마시며 관계를 이어오고 있다. 이것은 곧 전도로 이어져 대부분 서점에 고객으로 왔던 이들이 교회 성도가 되었다.

공명의 순수한 우리말은 '맞울림'이다. 두 목회자는 "성삼위일체 하나님의 삶이 우리에게 와서 맞울리고, 우리의 삶이 다른 이들에게 맞울려져 삶의 변화를 일으키게 하는 것이 목표"라고 말한다. 이들의 복음을 받아든 공명교회 성도들, 그리고 '책보고가게'를 방문한 사람들의 삶은 오늘도 세상에 맞울리며 조금씩 변화하고 있다.

그림 67, 68 공명교회가 운영 중인 '책보고가게'의 모습

지역의 '빛과 소금'

- 익산 삼일교회

지난 2021년, 전라북도 익산에 있는 삼일교회^{담임목사 진영훈} 앞에 빨간 컨테이너 박스가 등장했다. 누구나 들러 비치된 무료 생수와 커피를 마시거나 비치된 책을 마음껏 보면서 쉴 수 있는 쉼터로, 이름도 '참새방앗간'이다.

진 목사가 '참새방앗간'을 기획한 건 2020년 가을. 교회에 심은 감나무와 대추나무를 공유했을 때 듣게 된, 한 가족의 "교회가 나눔을 하니 너무 좋다"는 그 말 때문이었다. 마치 짧은 찬양과 같았던 그 한 마디로 세상과 동떨어진 교회가 아닌 열린 교회를 만들어 가야겠다는 도전을 받아 '참새방앗간'이 탄생한 것이다.

'참새방앗간'에 구비된 생수와 마스크, 커피 등은 모두 무료. 그런데 신기하게도 냉장고 안에 있는 생수와 음료 종류가 점점 많아지고 있다. 방앗간 이용객들이 자발적으로 채워놓기 때문. 책 역시 점점 늘어 시작할 때보다 배가 됐다.

삼일교회에는 '참새방앗간'만 있는 것이 아니다. 코로나19와 고물가로 지친 이웃을 위해 생필품과 식자재를 반값에 판매하는 '마이너스 바자회'

도 인기다.

진영훈 목사는 "세상은 교회를 통해 하나님을 알게 되기 때문에 빗장을 열고 세상과 소통하며 이웃의 마음을 읽어야 한다"고 말한다.

교회가 세상의 지탄을 받고 있는 현실 속에서 이웃을 위한 배려와 나눔, 사랑을 실천하고 있는 삼일교회. 그들이야말로, 이 시대 진정한 빛과 소금이다.

그림 69, 70 익산 삼일교회에서 운영 중인 '참새방앗간'의 모습

영성, 자연, 문화와 더불어 살아가다
- 청주 쌍샘자연교회

더 큰 도시, 더 좋은 환경으로 가고 싶은 것이 사람의 마음이다. 그러나 청주 낭성면에 있는 쌍샘자연교회^{담임목사 백영기}는 달랐다. 20년 전, 당시 청주 달동네인 모충동에서 10년 동안 사역하다 지역 재개발 소식을 들은 백 목사는 더 큰 도시로 옮겨 가는 대신 교회가 더욱 필요한 곳으로 들어가기로 결심한 것.

지역과 함께하는 교회가 되기 위해 낭성면에 있는 전하울 산골마을에 새 둥지를 튼 쌍샘자연교회는 영성과 자연, 문화를 중심으로 마을과 더불어 살기 위한 노력을 거듭했다. 마을 청소는 물론 교인들이 자율적으로 카페와 공방, 갤러리를 운영하고 도서관과 출판사까지 꾸려가는 동시에 다음세대에게 공부방을 제공하는 '민들레학교'부터 자연을 직접 체험할 수 있는 '자연학교'와 산촌교육마을 '단비'를 통한 대안교육까지 담당하고 있다. 처음에는 노인들밖에 없는 산골마을에 들어온 쌍샘자연교회를 사이비 종교나 기도원일 거라며 반대했던 어르신들도 단 아홉 가구에 불과해 소멸 위기에 놓였던 마을이 어느새 60여 가구가 넘는 활기찬 마을로 탈바꿈하자 교회의 사역에 동참하고 있다.

100명 남짓의 비교적 작은 규모의 교회가 많은 사역을 감당할 수 있는 것은 이렇게 마을 주민과 함께 했기 때문. 주민들은 교회가 운영하는 사역에 위원회로 참여하며 동시에 교회가 제공하는 다양한 혜택을 누리고 있다. 이러한 교회의 흔적에 주민들은 고마움을 느끼고 있다.

그리고 2022년 30주년을 맞이한 쌍샘자연교회는 올해를 '그린 엑소더스의 해'로 선포하며 자연 속에 존재하는 하나님의 가치와 섭리를 세상에 전하고 있다.

모든 관계가 점차 멀어지는 시대 가운데 하나님과 이웃, 자연과 더불어 살아가는쌍샘자연교회. 마을과의 소통과 연합을 꿈꾸는 교회들에 모범이 되고 있다.

그림 71, 72 쌍샘자연교회의 모습

청년과 사회를 잇다
– 청년공간 이음

복지 사각지대에 놓인 청년들을 위한 공간이 있다. 지난 2016년, 서울 관악구에 문을 연 '청년공간 이음' ^{센터장 김효성 목사} 은 백석대학교회와 백석예술대학교의 후원을 받으며 시작됐다. 대학과 교회가 있는 서초구가 아닌 관악구에 위치한 이유는 관악구가 청년 특구로 지정돼 있을 만큼 청년 비중이 높기 때문. 코로나19 이전 이음을 찾는 청년이 한 달에 900명이 넘었고, 현재도 하루 평균 15명 이상이 꾸준히 방문하고 있다.

이음에서는 무료로 커피나 음료를 마실 수 있고, 공용 주방에서 끼니까지 해결할 수 있다. 뿐만 아니라 자체 프로그램을 마련해 청년들이 사회에 적응할 수 있도록 돕고 있다.

이곳을 찾는 사람들은 주로 취업이나 이직을 준비하는 20대 후반에서 30대 초중반. 이들 외에도 이음에서 주목하는 사람들이 있다. 바로 보호시설에서 나온 20대 초중반의 청년들. 그들은 사회에 적응하는 데 더욱 어려움을 겪기에 이음에서 각종 기관과 연계해 그들을 도울 방법도 찾고 있다.

이밖에도 60대~80대까지 노인층도 이음의 방문객. 청년을 사회와 잇는 만큼 사회를 구성하는 주체 중 하나인 노인 세대와의 연결도 중요하기 때문에 점심시간마다 방문하는 노인에게 식사를 제공하고 있다.

"더 올라가는 것이 아니라 더 소외된 계층으로 내려가고 싶다"고 말하는 김효성 목사. 사각지대에 놓인 청년들에게 집중하며 미래를 위한 발판을 마련해주고 있다.

그림 73, 74 청년 공간 이음의 모습

GROWING
CHURCH

CHRISTIAN INSIGHT

미래와의 연결
그로잉 처치

GROWING
CHURCH

3장 | 미래와의 연결

한국교회의 위기는 이미 수 년 전부터 예견되었다. 인구절벽과 탈 종교화, 그리고 교회까지 번진 이기주의는 많은 이로 하여금 교회로 향하던 발걸음을 돌리게 했다. 여기에 갑자기 들이닥친 코로나19는 한국교회를 그대로 강타했다. '가나안 성도'가 등장하고, 교회학교가 없는 교회가 빠르게 늘어나고 있다. 더 큰 문제는 한국교회가 과거의 영광에 그대로 머물러 있다는 것. 세상은 달라졌고, 앞으로 더 달라질 것이며 사람들은 교회의 변화를 간절히 원할 것이다.

이제 한국교회는 새로운 시각으로 다가올 미래를 대비해야 한다. 온라인과 오프라인의 경계를 허무는 '하이브리드 처치'로 거듭나고 '소그룹'에 중점을 둬야 한다.

'미래와의 연결'에서는 한국교회의 현주소와 다가올 미래를 위해 무엇을 준비해야 하는지 알아본다.

미디어와 교회

– Cooke Media Group 필 쿡 대표

코로나19를 통해 알게 된 미디어의 힘

코로나19를 겪으면서 좋았던 점이 있다면 교회 지도자들과 목회자, 그리고 미디어 지도자들이 미디어의 힘에 눈을 떴다는 점이다. 미국 LA에 있는 'Cooke Media Group'은 오랜 기간 동안 교회들이 온라인이나 미디어를 최대한 이용할 수 있는 방법에 대해 알려주기 위해 노력해왔다. 그러나 많은 목회자가 그건 진짜 사역이 아니라고 했다. 같은 맥락에서 사람들은 기독교 라디오나 TV채널도 진짜 사역이 아니라고 했다. 그러나 코로나19가 터지고 목회자들이 정말 빠른 속도로 생각을 바꿨다. 모든 사람에게 힘든 시간이었지만, 하나님께서 미디어를 통해 너무 많은 것을 바꾸셨다는 이야기를 들었다. 한 교회는 코로나 팬데믹으로 3~4개월 만에 유튜브 구독자가 28명에서 2만 3천 명으로 증가했고, 교인은 900명에 불과하지만 주일 예배를 온라인으로 드리는 사람이 3~4만 명에 달한다. 심지어 부활절 설교는 150만 명이 들었다. 그 목회자는 온라인을 통해 지역사회에서 그 어느 때보다 더 큰 영향력을 행사하고 있었다. 그렇다고 온라인과 오프라인 하나만 선택해야 하는 것이 아니다. 두 영역을 모두 수행하고 작동하며 문화에 영향을 미치는 방법을 찾아야 한다.

문화의 시작과 중심에는 늘 기독교가 있었다

우리 사무실 근처에는 월트 디즈니 스튜디오The Walt Disney Studios [24]와 워너 브라더스 스튜디오Warner Bros. Studios [25], 유니버설 스튜디오Universal Studios [26]와 같은 할리우드 대형 스튜디오가 있다. 코로나19로 도시가 폐쇄됐을 때 그곳은 유령도시 같았고 아무 활동도 하지 않았다. 그러나 같은 기간 동안 교회는 일어났고 UCBUnited Christian Broadcasting 와 같은 기독교 방송들이 어려움을 겪고 있는 사람들의 필요에 집중하기 시작하며 라이브 방송을 시작했다. 그때 기독교 커뮤니티는 할리우드보다 더 많은 미디어를 생산했는데 마치 1898년~1914년까지 영화 산업 초창기 때 교회들이 할리우드보다 더 많은 영화를 만들었던 때로 돌아간 것 같았다.

이것은 또한 20여 년 전에 방문한 뉴저지에 있는 한 오래된 교회를 떠올리게 했다. 그 교회는 리모델링 중이었는데 성전의 뒷벽을 제거했을 때 35mm 영화 영사기가 발견됐다. 1910년~1920년경 매주 토요일 밤마다 전도와 복음 전파를 위해 교회에서 기독교 영화를 상영했다고 한다. 그러나 1930~1940년경 다른 사역에 눈을 돌리기 시작했고 제2차 세계대전이 터져 그 영상기를 벽에서 꺼내기 어려워지자 벽을 세웠다. 그리고 리모델링을 하기 전까지 완전히 잊었던 것이다. 신기술을 처음으로 수용했던 곳

크리스천 인사이트

이 바로 교회였다는 사실을 상기시켜주는 사건이었다.

이뿐만이 아니다. 1800년대 미국 성서 공회는 당시 최첨단 인쇄기였던 증기 구동 인쇄기를 가장 많이 보유했다. 초기 교회의 기초를 닦은 바울도 그 시대의 신기술이었던 편지를 사용했다는 점도 흥미롭다. 1500년대에는 마틴 루터가 구텐베르크 Johannes Gutenberg [27] 의 출판 기술을 이용해 세상을 바꾸는 출판 산업을 시작했다.

라이프 매거진에서 지난 천 년 동안 가장 영향력 있는 업적을 발표하는 특별판을 발행했는데 그 1위가 바로 성경을 인쇄한 구텐베르크였다. 그러나 오늘날 일어나는 디지털 혁명은 구텐베르크의 성취를 덮을 정도로 강력하다.

교회의 방향성 - 크리에이티브 팀을 소중하게 생각해야 한다

그렇다면 이제 우리는 어느 방향으로 가야 하는가. 기독교 미디어 세계의 지도자로서, 그리고 기독교와 비즈니스 커뮤니티의 교회 지도자로서 우리는 무엇을 해야 하는가. 먼저 크리에이티브 Creative 팀을 소중하게 생각해야 한다. 코로나19 기간 동안 목회자들은 크리에이티브의 중요성을 재고하기 시작했다. 전 세계 수만 개의 교회가 아직 문을 닫지 않은 이유는 크리에이티브 팀이 있었기 때문이다. 커뮤니케이션팀과 미디어 팀이 나서서 라이브 스트리밍 Live Streaming 을 통해 성도들과의 연결성을 구축했다.

그들이 만들어내는 것의 중요성을 깨닫고 우리가 창조적인 문화 속에 살며 경제가 미디어에 의해 주도되고 있다는 점을 인식해야 한다.

교회의 방향성 – 라이브 스트리밍은 시작에 불과하다

그리고 라이브 스트리밍은 시작에 불과하다는 점을 강조하고 싶다. 많은 교회가 라이브 스트리밍을 시작했을 때 다행이라고 생각했겠지만, 이것은 빙산의 일각에 지나지 않는다. 위기를 겪는 사람들을 섬기기 위해 UCB 방송국이 어떻게 초점을 맞추고 방송을 했는지 살펴볼 필요가 있으며 문화의 변화에 어떻게 즉각적으로 대응했는지 생각해봐야 한다. 그렇다면 목회자들은 주중에 성도들과 어떻게 교류하고 있는가. 기술과 미디어를 사용해 다음 단계로 나아가고, 복음을 전하기 위해 이 문화를 변화시키는 방법에 대해 생각해 볼 필요가 있다. 이것은 매우 중요한 부분이다. 디지털온라인과 실제 경험오프라인이 동일해야 한다는 것이다. 하이브리드 경험을 통해 교회를 만났을 때 최대한 동일한 느낌을 받을 수 있게 해줘야 한다. 다양한 플랫폼을 사용할 때 하이브리드의 중요성을 기억하라는 것이다.

교회의 방향성 – 새로운 교회 모델을 찾다

세 번째는 목회자들이 교회의 새로운 모델을 찾고 있다는 것이다. 평생 동일한 순서와 방식으로, 아버지나 할아버지 시대와 다를 바 없는 예배를 드려왔다. 하지만 교회의 문이 닫히면서 목회자들이 예배 모델을 재고하기 시작했다.

한 예로 미국의 한 대형 교회는 교회의 문이 열렸음에도 불구하고 계속 라이브 스트리밍을 하고 있다. 매달 3주는 스트리밍을 하고 4번째 주 금요일에는 거대한 예배 경험과 콘서트를 제공하며, 4번째 토요일에는 모두 길가로 나가 도움이 필요한 가난한 자들이나 노숙자들을 돕는다. 그리고 주일날 교회에서 함께 예배를 드린다. 이것은 교회의 운영방식을 재고했다는 것이다.

천주교의 매일 미사 모델을 따르는 교회도 많아졌다. 천주교 신자들은 매일 아침 7시에 어느 곳에 있든지 작은 미사를 드린다. 그런데 최근 많은 교회가 그런 모습을 닮아간다는 것이다. 예를 들어 미국 플로리다의 한 교회는 매일 아침 7시에 페이스북 그룹을 통해 한 시간 동안 말씀을 나누는 QT를 진행하는데 약 600~700명 정도의 성도들이 참여하고 있다. 온라인 성찬식을 하는 목사님의 모습을 수백 명이 매일 시청하는 등 목회자들이 드디어 미디어를 잠재적으로 수용하고 교회를 운영하는 방식을 다시 생각하는 것은 매우 놀라운 일이다.

코로나19가 기승을 부렸을 때, 여러 국가의 목회자들에게 스트리밍의 사용을 극대화하고 성도들과 더 잘 교류할 수 있는 방법을 전한 바 있다. 그러나 그보다 100% 온라인으로 운영될 교회를 세울 미국의 목회자들

50명과의 경험이 더 흥미로웠다. 이런 문화를 어떻게 더 효과적으로 이끌 수 있을지 생각해야 한다. 이것은 신학이나 교리를 희석시키는 것이 아니다. 어떻게 성도와 문화, 세계를 효과적으로 연결시킬지 생각하며 미디어와 커뮤니케이션을 사용하는 방법에 대해 생각해야 하는 것이다.

교회의 방향성 – 창의적인 사람을 이끄는 법

미래를 생각했을 때, 우리는 창의적인 사람을 이끄는 법을 배워야 한다. 이것이 창조 경제이다. IBM^{International Business Machines Corporation 28}이 미국의 주요 기업 CEO 200명에게 미래를 위해 이해해야 하는 가장 중요한 한 가지에 대한 질문을 던졌는데 그들은 입을 모아 창의성이라프로듀서 달라스 젠킨스고 답했다. 목회자들 역시 창의적인 사람들에게 영감을 주고 동기를 부여하고 그들을 이끄는 방법을 알아야 한다. 그것이 오늘날 문화의 돌파구를 마련하고 실제로 영향을 미칠 수 있는 방법이기 때문이다.

교회의 방향성 – 디지털 혁명의 의미를 깊게 이해하라

마지막으로 우리가 겪고 있는 디지털 혁명의 의미를 깊이 이해해야 한다. 앞서 언급한 것처럼 교회의 기초를 세웠던 바울은 그 시대의 기술을 사용했고, 마틴 루터 역시 그 시대의 기술을 사용해 세상을 바꿨다. 디지털 혁명의 위대함을 이해하는 것은 교회의 진보에 있어서 중요한 점이라 생각된다. 많은 사람들은 아날로그에서 디지털로의 전환이 새로운 텔레비전을 구입하는 것과 동일하다고 보지만 그것보다는 더 깊다. 교육과 비즈니스, 의학과 법률, 엔터테인먼트와 미디어에 영향을 미치고 있으며 우리가 결코 꿈꾸지 못한 방식으로 교회에 많은 영향을 미치고 있다. 가장 많이 다운로드 된 성경 애플리케이션 'YouVersion'을 통해 프로듀서 달라스 젠킨스Dallas Jenkin와 같은 사람들이 그리스도의 삶에 대한 영화 '선택받은 자 The Chosen'에 대한 아이디어를 떠올리고 크라우드 펀딩Crowd Funding [29] 을 할 수 있었다. 한 사람이 소셜 미디어를 사용하여 큰 뜻을 향한 운동을 시작하자 전 세계에 영향을 미친 것이다. 따라서 디지털 미디어의 영향력을 알게 되면 소통의 방식이 실제 바뀌고 우리 삶의 방식이 바뀐다.

디지털 세상의 목회 전략

이렇게 변화하는 문화 속에서 훨씬 더 나은 비전을 탐색하고 얻어야 한다. 하나님께서 앞으로 어디로 이끄실지, 디지털 미디어와 소통, 창의성과 같은 것들이 미래의 메시지에 어떻게 영향을 미칠지에 대한 분명한 비전과 이해, 이미지를 우리 마음속에 세워야 한다는 것이다. 10~20년 전 책을 별로 중요하게 생각하지 않는 지도자가 있었다면 나는 그를 진지하게 지도자로 여기지 않았을 것이다. 같은 맥락으로 미래에 디지털 미디어와 소셜 미디어, 커뮤니케이션을 중요하게 여기지 않는 지도자를 사람들은 진지하게 지도자로 평가하지 않을 것이다. 이것은 미래 기독교 리더십의 초석이 될 것이라고 생각하기에 명확한 비전을 가지라고 권하는 것이다.

하나님께서 꿈꾸시는 미래

월트 디즈니Walt Disney [30] 의 유명한 일화가 있다. 20대의 월트 디즈니는 모든 일을 더 크고 잘 할 수 있는 방법을 생각하는 데 집착하는 인물이었다. 캘리포니아 디즈니랜드의 공사를 다 마치기도 전에 '이보다 더 크게 더 잘할 수 있다'며 리본 컷팅이 끝나자마자 엔지니어와 디자이너, 크리에이티브 팀을 데리고 플로리다 올랜도에 가서 땅을 매입하고 일을 하기 시작했다. 당시 월트는 암 투병 중이었고, 디즈니월드가 개장하기 전에 세상을 떠났다. 개장식 당일, 퍼레이드를 지켜보던 월트의 아내를 발견하고 한 임원이 다가가 "월트가 이 모든 것을 보지 못해 너무 안타깝다"라고 말하자 그녀는 이렇게 말했다. "월트가 이것을 다 봤기 때문에 디즈니랜드가 이곳에 있다"고 말이다.

우리는 지금 무엇을 보고 있는가. 미래를 생각할 때 어디로 갈 것인가. 코로나 팬데믹 이후 세계 역사상 가장 양극화된 문화를 접할 때 우리는 무엇을 보는가. 그리고 하나님께서는 미래에 우리의 사역과 목적, 인생을 어떻게 사용하실까.

앞서 언급한 UCB가 미래의 커뮤니케이션과 미디어가 얼마나 중요한

지 알리기 위해 많은 노력을 했다고 생각한다. 이제 주님이 우리와 미디어, 영화, 방송, 소셜 미디어 등을 사용해 무엇을 하실지 시각적인 아이디어를 생각해보길 바란다. 하나님께서 우리에게 무엇을 하셨고, 그 플랫폼을 사용해 세상을 어떻게 바꾸시려고 하시는가? 이것이 우리가 생각해봐야 할 미래일 것이다.

IT와 목회의 만남

- Meta^{구. 페이스북} 북미지역 커뮤니티 파트너십 책임자 노나 존스 목사

목회 패러다임의 변화가 필요하다

나는 Facebook 북미지역 커뮤니티 파트너십 책임자이자 페이스앤프레쥬디스^{Faith&Prejudice 31} 의 설립자로서 디지털 사역에 대한 중요성을 강조해왔다. 그러나 2020년 미국 교회의 트렌드를 조사하는 '바나 연구소'에 따르면 목회자들이 가장 관심 없어 하는 부분이 디지털 기술에 관한 것이었다. 그동안 호주와 유럽, 아프리카 등 전 세계를 돌아다니며 디지털 사역을 전하기에 바빴던 내 노력이 전혀 영향력을 주지 못했고 엄청난 실패처럼 느껴졌다. 그러나 몇 주 후, 전 세계가 봉쇄되고 격될 것을 누가 상상이나 했겠는가. 전 세계 교회도 예외는 아니었고, 이것은 기존의 목회 패러다임에 대한 도전이었다. 사람들이 가득 차고 에너지와 흥분, 열정이 넘치던 아름다운 건물이 코로나19를 겪으며 비워진 채로 남겨졌다. 간신히 교회의 문이 다시 열렸지만 성도들이 돌아오지 않거나 아주 천천히 채워지고 있는 것을 보면서 디지털 사역의 중요성이 더욱 커졌다는 것을 알 수 있었다.

코로나19 이전부터 시작된 교회 위기

책 '소셜 미디어에서 소셜 사역까지From Social Media to Social Ministry'에도 소개했지만 미국의 통계를 살펴보면 자신을 기독교인이라고 말하는 사람이 약 25억 명 정도가 된다. 그러나 실제로는 2억 4천 6백만 명 정도이다. 또한 미국에는 35만 개의 지방교회가 있는데 코로나19 이전에 최대 미국인의 40%, 그러니까 10명 중 4명이 주말예배에 참석했다고 알려져 있다. 그러나 실질적으로는 20%만이 교회에 출석했다. 어떻게 이런 일이 발생할 수 있을까.

코로나19 이전, 약 3만 명이 구글을 통해 'Church online'을 검색했다. 많은 교회가 이미 SNS와 유튜브 등을 통한 라이브 스트리밍을 교회 온라인 플랫폼에 적용하기 시작했기 때문이다. 언제부터 교회가 관전의 대상이 되었는가. 마태복음 4장 19절에 예수님께서 '나를 따라 오너라 내가 너희로 사람을 낚는 어부가 되게 하리라'라고 말씀하셨다. 그러나 오늘날 우리는 사람을 낚는 어부가 아니라 어항이나 수족관을 편하게 지키는 사람이 되었다. 물고기가 많은 어항과 같은 교회를 성공이라고 보았지만 이미 코로나 이전에도 '교회는 무엇인가'에 대한 논의와 함께, 많은 물고기가 어항을 떠나는 것처럼 교인들의 출석률이 감소하거나 정체하는 모습을 보였다. 때문에 전 세계 많은 교회가 더 이상 생존할 수 없어 문을 닫기도 했다.

예수님을 주님으로 알아야 진정한 교회의 성공

디지털 사역 홍보를 처음 시작했을 때 대형교회에 소셜 미디어 기술을 통해 디지털 공간에서 제자훈련하는 것을 돕고 싶다고 제안했지만 그들은 관심이 없었다. 그것은 불과 몇 년 전 일이다.

그들은 '소셜 미디어인 페이스북을 통해 사람들을 교회건물로 이끄는 것이 우리의 목표다. 건물에 모여 예배드리는 것이 진정한 교회의 모습이기 때문이다.'라고 말했다. 코로나 팬데믹을 이겨내고 얼른 정상으로 돌아가야 한다고 말하는 목회자가 많은데, 그것은 교회 건물로 돌아와야 한다는 뜻일 것이다. 하지만 팬데믹 중에도 교회는 교회임을 멈추지 않았다. 왜냐하면 교회는 장소가 아니기 때문이다. 교회는 때때로 한 장소에 모이는 사람들의 공동체였고, 이 사진과 같은 넓은 바다가 실제로 예수님께서 우리를 부르신 모습이다. 예수님은 우리를 어항으로 부르신 게 아니다. 열린 바다에서 사람들을 제자로 삼기 위해 부르셨다. 어항 속의 물고기가 아무리 많아도 예수님을 주님으로 알지 못한다면 그것은 성공이라고 부를 수 없다.

예수님의 마음을 전하는 통로가 되어야 한다

블루 체크Blue Check [32] 에 대해 들어본 적이 있는가. 많은 목회자가 나에게 "블루 체크를 얻을 수 있을 수 있도록 도와달라"고 부탁한 적이 있다. 그러나 그들은 팔로워도 적고 지역교회라는 점 외에는 알려진 것이 거의 없는 교회 목회자였기에 블루 체크를 통해 자신들의 가치를 증명하거나 팔로우할 만한 교회라는 점을 강조하고 싶어 한다는 사실을 깨달았다. 하나님의 나라를 건설하는 것보다 팔로워를 구축하는 것이 성공의 의미가 된 것이다. 사람들이 목회자의 게시글을 보고 예수님을 따르지 않는다면 팔로워의 수는 아무 소용이 없다. 소셜 플랫폼은 하나님의 일을 위한 통로가 되기 위해 존재할 뿐이다. 우리는 성령이 사람들의 마음을 찔러 예수님의 필요를 깨닫게 하는 통로라는 것을 알아야 한다.

'모든 민족을 제자 삼으라' 소셜 테크놀로지의 힘

우리는 콘텐츠를 소비하도록 만들어진 것이 아닌 타인과 커뮤니티를 이루도록 만들어졌다. 이것이 디지털 사역이 추구하는 목표이다. 교회는 매주 몇 시간 동안 행사를 하는 곳이 아닌, 매주 168시간을 차지하는 삶의 방식이 되어야 한다고 생각한다. 따라서 교회가 건물 속에만 존재한다면 80%의 사람들을 놓치고 있다는 것을 깨달아야 한다. 예수님께서는 "가서 모든 족속으로 제자 삼으라"고 말씀하셨는데 강단에 서서 사람들이 오기만을 기다린다면 그 명령을 지키지 못하고 있는 것이다. 또한 예수님께서 "모든 민족을 제자 삼으라"고 하셨는데 어떻게 살고 있는 집과 도시를 떠나지 않고 모든 민족을 제자 삼을 수 있겠는가. 바로 소셜 테크놀로지가 답이다.

그림 75 소셜 테크놀로지와 연결성

소셜 사역을 통해 제자 삼으라

소셜 사역은 제자를 양성하는 것이다. 목회자의 사역 내용을 공유하는 것을 넘어서 그 사역을 통해 제자 삼아야 한다. 페이스북을 예로 들어 보자면, 페이지는 집의 현관의 역할을 한다. 현관은 공공장소이기 때문에 누구나 볼 수 있다. 페이스북 라이브는 현관문과 같다. 그 문을 열면 상호작용할 수 있고, 더 깊은 방법으로 소통할 수 있지만, 사람들은 여전히 현관에 서 있다. 그들과 깊은 관계를 맺으려면 안으로 초대해야 한다. 쉽게 대화가 이뤄질 수 있는 거실이나 주방 등이 될 수 있는데, 이것은 페이스북 그룹이 된다.

그룹에서 가장 중요한 도구 중 하나는 바로 학습 단위learning units 이다. 이것은 콘텐츠를 순차적으로 학습할 수 있도록 도움을 주는 도구인데 우리 교회의 경우 나와 나의 남편의 설교를 부분적으로 나눠 학습단위나 가이드로 게시했다. 그래서 사람들이 자신의 속도에 맞춰 살펴보고, 설교에 대해 질문하거나 대화를 할 수 있었다. 이 학습 단위의 좋은 점은 누가 완료했는지 알 수 있고, 중간에 포기한 사람이 누군지 알려줘 완료할 수 있게끔 권할 수 있다는 것이다. 콘텐츠는 깊지 않아도 되고 교리적일 필요도 없다. 지역의 추천사항이나 자원, 조리법과 같이 다양한 내용을 다룰 수 있다. 학습 단위를 수업과 비슷하다고 생각하면 이해가 될 것이다. 수업을 두 가지 그룹으로 나눠 비슷한 수준의 사람들과 함께 배울 수 있도록 해주는 것이 좋다.

디지털 제자훈련

이런 모든 자원이 추구하는 궁극적인 목표는 예수님의 제자훈련 공동체를 구축하는 것이다. 제자훈련은 믿음의 관계적 성숙을 보여주기 때문이다. 우리는 사람들과 공동체를 이루고 서로에게 도전적인 질문을 던지면서 인생을 함께 하게 되는 것이다.

디지털 제자훈련을 위한 몇 가지 예를 들어보면, 먼저 페이스북 커뮤니티에 하나님의 말씀을 공유하고 그 말씀을 중심으로 커뮤니티를 구축할 수 있다.

기도제목을 올린 게시물에 많은 사람이 응원하고 위로를 전해준다는 것을 실시간으로 확인하며 'Get Together'라는 기능을 통해 같은 지역에 사는 사람들끼리 만나 관계를 더욱 깊게 만들 수도 있다. 또한 한 페이지당 최대 250개의 그룹을 연결할 수 있는 것은 디지털 사역에서 굉장히 중요한 부분이다.

마지막으로 멘토십 기능도 가능하다. 그룹에서 6, 9, 12주 멘토십 프로그램을 설정해 멘토와 멘티를 연결할 수 있기 때문에 교회에서 구현하고 싶은 모든 것이 가능하다.

올 때까지 기다리지 말고 나아가자

전 세계 교회가 위기다. 이것은 세상 사람들을 제자 삼는 교회로 만들기 위한 하나님의 계획이라고 생각한다. 우리는 그 사람들이 교회로 올 때까지 기다리지 않고 소셜 미디어의 디지털 사역의 장으로 나아갈 것이다.

한국교회 목회자의 2023년도 목회 전망

– 목회데이터연구소 지용근 대표

한국교회 목회자는 지쳐있다

교회든 기업이든 조직을 건강하게 운영하려면 리더의 건강이 기본이 되어야 한다. 코로나19 기간 중 한국교회 목회자의 피로도가 매우 높아진 것으로 나타나고 있는데, 한국갤럽의 조사에 따르면, 전체적으로 일반국민보다 '주관적 건강도'가 낮다. 특이한 것은 연령대가 올라갈수록 건강도가 떨어지는 일반국민과 달리, 목회자들은 연령대가 올라갈수록 건강도도 함께 상승하고 있다는 점이다. 그 이유는 대부분 소형 교회에서 목회를 하는 연령대가 30대~40대라고 했을 때, 경제적인 어려움과 스트레스를 겪으며 건강에까지 영향을 미쳤다고 할 수 있다.

영적 상태 역시 10명 중 6명 이상은 지쳐 있다는 응답이 나왔다. 또한 50명 미만의 소형교회일수록 지쳐 있다는 비율이 높아지며, 소형교회의 어려움을 그대로 보여주고 있다.

하루 평균 9시간 27분 사역하는 목회자

이번에는 목회자들의 사역 시간에 대해 조사해봤다. 설교 준비에 2시

간 22분, 성경읽기와 연구에 1시간 28분, 심방에 1시간 18분을 소요하며 하루 평균 총 9시간 27분 사역하는 것으로 나타났다. 일반 직장인들의 근무 시간보다 많은 편이다. 소형교회가 9시간 정도 되고, 500명 이상의 대형교회가 10시간 39분까지 올라가며 업무량은 대형교회일수록 많은 것으로 나타났다.

목회적 조언을 해주는 평신도 전문가

다음으로 평신도 전문가, 다시 말해 특정 영역에서 자문을 해주거나 도움을 주는 평신도 전문가가 있는지 물어본 결과, 대형교회는 48%까지 올라갔지만 평균적으로는 33%만 있다고 응답했다. 목회에 관한 조언도 중요한 부분이기 때문에 3명 중 1명 정도밖에 안 된다는 것은 고민해봐야 할 문제이다.

목회 목표와 비전 공유

'우리교회가 나아가야 할 뚜렷한 목표와 비전을 갖고 있다'는 목회자는 절반 정도에 그친다. 다시 얘기하면, 절반은 뚜렷한 목표와 비전이 없다는 것이다. 또한 이것을 문서화하였는지가 굉장히 중요한데, 고작 30%에 불과했다. 열 교회 중 세 교회만이 말뿐인 목표와 비전에 그치지 않고 적극적으로 그것을 향해 달려가고 있다는 것이다. 그리고 목회 목표와 비전을 성도와

		기도	설교준비	성경일기/연구(설교준비 외)	심방(방문, 전화 등)	독서	운동 및 건강관리	회의	합계
전체		**88**	**142**	**88**	**78**	**77**	**60**	**32**	**9시간 27분**
교회 규모 (장년 출석 교인)	50명 미만	86	135	88	68	79	60	26	**9시간 3분**
	50~99명	87	139	92	83	79	66	35	**9시간 41분**
	100~499명	92	151	84	86	73	56	37	**9시간 38분**
	500명 이상	88	170	91	106	77	62	46	10시간 39분

그림 76 목회자의 평일 하루 시간 사용
출처 : 포스트코로나 시대 '성장하는 교회' 4가지 DNA, 목회데이터연구소, 2022

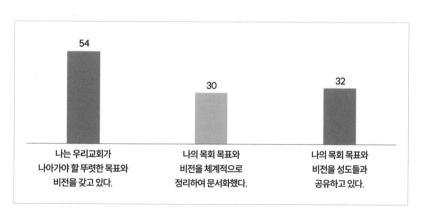

그림 77 목회자의 목회 목표와 비전 보유 여부
출처 : 포스트코로나 시대 '성장하는 교회' 4가지 DNA, 목회데이터연구소, 2022

공유하는 목회자도 32%밖에 되지 않았다.

현재 목회의 어려운 점

목회자들이 현재 목회하면서 겪는 가장 큰 어려움은 무엇일까. 바로 '새 가족 유입 감소'와 '헌신된 평신도 일꾼 부족'이다. 요즘 관심이 집중되고 있는 '온라인 사역'에 대한 대응은 다른 어려움에 비해 높지 않았다. 그런데 소형 교회들은 '헌신된 일꾼 부족'을 가장 큰 어려움으로 꼽았는데 이는 목회자의 부담이 가중될 수밖에 없는 현실을 드러낸 결과라고 할 수 있다.

2023년 목회 전망

목회자들에게 2023년도 목회 전망에 대해 물어본 결과, '좋아질 것이다'가 35%, '올해와 비슷할 것이다'가 36%, '나빠질 것이다'가 28%로 밝은 전망이 조금 앞섰다. 전체적으로 코로나19 이전만큼은 아니겠지만 그래도 점점 좋아질 것이라는 희망을 내비쳤다. 그런데 지역별로 조금씩 차이가 나타났다. 도시 지역은 좋아질 것이라는 응답이 더 높은 반면, 읍면 지역은 나빠질 것이라는 응답이 더 높았다. 이것은 도시와 농촌간의 격차가 더 심화된다는 의미이다. 또한 목회 환경에 대해 긍정적인 의견을 보인 이유는 성도들의 교회 출석률을 꼽았다. 반면 부정적으로 예상하는 가장 큰 이유는 전도였다. 따라서 2023년도 목회는 기존 성도들의 예배 참석 회복과 새 가족 유입이 관건이 될 것으로 보인다.

성장하는 교회 4가지 DNA

이런 자료를 토대로 2023년도 목회 전망을 '좋아질 것'이라고 응답한 목회자들의 특징을 분석한 결과 네 가지 특성이 있었다. 먼저 교회 규모와 상관없이 온라인 사역을 강화하겠다는 교회가 많았고, 현재 소그룹 운영을 잘하고 있었다. 또한 목회에 대해 자문을 해줄 수 있는 평신도 전문가가 있고, 뚜렷한 목회 비전을 가진 목회자였다. 이 네 가지 요인을 갖고 있는 교회가 앞으로 더 성장할 수 있을 것이다.

온라인 예배보다 온라인 성경공부와 소그룹

그렇다면 2023년 목회자들이 중점적으로 강화해야 하는 것은 무엇일까. 먼저 현재 주일예배 방식부터 살펴볼 필요가 있다. 현재 주일에 현장 예배와 온라인 실시간 예배를 동시에 드리는 교회가 점점 늘고 있는 추세지만 2023년도에 온라인 예배를 강화할 것이냐는 질문에 '그렇지 않다'는 응답이 58%로 조사됐다. 그러나 온라인 예배가 아닌 온라인 사역, 다시 말해 성경공부나 소그룹을 강화하겠다는 응답이 많았다.

현장 예배와 소그룹 강화

이처럼 목회자들의이 2023년도 목회 계획에서 가장 중점을 두는 것은 현장 예배 강화와 소그룹 강화였다. 주목할 것은 소형교회는 현장 예배를 강화하겠다는 의지가 가장 높은 반면, 대형 교회는 성인 성도들에 대한 교육 훈련 강화와 전도와 선교 강화, 그리고 다음세대 교육 등 어느 한 분야에 치우치지 않고 주요 사역에 골고루 중점을 두려 한다는 점이다. 소형교회는 어느 하나에 집중하는 전략을 보이고, 대형 교회는 골고루 강화하려는 모습을 보이고 있다.

소그룹 강화 필수 요건

소그룹 사역의 운영에 대한 조사에서는 잘 되는 교회보다 잘 안 되는 교회가 더 많은 것으로 드러났다. 그 이유에는 '성도들이 바빠 모일 시간이 없다', '헌신된 리더가 없다', '소그룹에서 자신을 드러내는 걸 싫어한다.'등이 있었다. 친밀감이 제대로 형성이 되지 않은 상태에서 자신을 드러내는 것은 쉽지 않다. 그것은 동질감 있는 소그룹이 아니기 때문이다. 그러나 자신과 같은 연령대이거나, 같은 나이대의 자녀를 두었거나, 같은 직업군이라면 서로를 이해하기 쉽고, 결과적으로 자신을 드러내게 된다. 그렇다면 소그룹을 강화하기 위해 필요한 요건은 무엇일까. 이 질문에 45%가 '리더 훈련'이라고 답했다. 이것은 소그룹 사역에 있어 리더를 키우는 일이 절대적이라는 것을 보여준다. 또한 목회자들을 대상으로 코로나19 이전 대비 현재 성도들의 교제와 친교 수준을 조사한 결과, 65%가 '잘 이루어진다'고 응답했다. 즉 3곳 중 1개 교회가 현재 성도간의 친교와 교제가 원활하지 않다는 것인데, 이것을

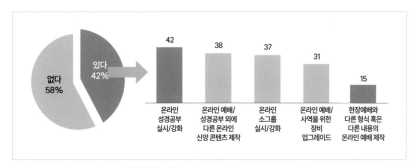

그림 78 2023년도 온라인 사역 강화 의향, 내용
출처 : 한국교회 목회자의 2023년도 목회 전망, 목회데이터연구소, 2022

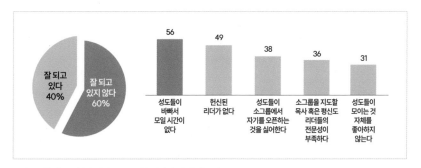

그림 79 현재 소그룹 운영 수준, 소그룹 사역이 잘 안되는 이유
출처 : 한국교회 목회자의 2023년도 목회 전망, 목회데이터연구소, 2022

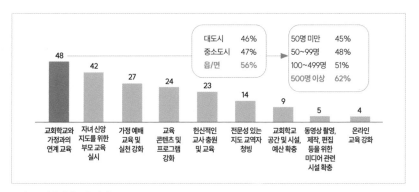

그림 80 다음세대 교육 과제
출처 : 한국교회 목회자의 2023년도 목회 전망, 목회데이터연구소, 2022

극복할 수 있는 방법으로 목회자 대부분이 소그룹을 꼽았다.

다음세대 교육, 교회와 가정의 연계

다음으로 다음세대에 대한 조사를 살펴보면, 다음세대 교육에 있어서 교회학교와 가정과의 연계 교육이 가장 중요하다는 인식이 가장 높았다. 교회가 교육을 가정에만 맡겨두는 것이 아니라 교육 교재를 만들어 가정에 주고, 부모에게 아이들을 교육시켰는지 확인하는 것을 연계 교육이라고 할 수 있는데 이런 작업이 필요하다는 의미이다. 그리고 자녀 신앙 지도를 위한 부모 교육을 실시해야 한다는 응답도 많았다.

한국교회가 총회 ^{교단}에 바라는 점

마지막으로 총회 ^{교단}가 교회에 지원해야 할 일에 대해서는 '소형교회 지원'과 '한국교회 이미지 개선활동'을 가장 많이 꼽았다. 그런데 성도가 50명에서 99명 사이에 있는 교회는 '목회 컨설팅 지원'을 1위로 꼽았다는 점을 주목해야 한다. 이 정도 규모의 교회는 앞으로 성장하기 위해 물질적인 지원보다 목회 방향성 모색이 더 중요한 것이다.

2023년도에는 앞서 언급한 '성장하는 교회의 4가지 DNA'를 기억하고, 현장 예배 강화와 소그룹 강화에 집중해야 한다. 이것이 교회를 회복시키고 나아가 대한민국의 미래를 바꿀 원동력이 될 것이기 때문이다.

글로벌 처치 트렌드

– 인권앤파트너스 황인권 대표

변하는 세상, 달라지는 시선

인터넷과 기술의 발달로 세상은 하나가 되고, 그만큼 세상은 빠르게 변한다. 보통 한 브랜드의 수명을 30년으로 이야기하는데, 큰 이슈가 없을 경우 30년이 지나면 자연스럽게 노쇠한 브랜드가 되어서 세상에서 사라지게 된다는 것이다. 이것은 인간 세상의 기본 이치이다. 부모 세대, 더 나아가 조부모 세대가 즐긴 브랜드는 더 이상 다음세대의 브랜드가 아니다. 결국, 어떻게 젊은 세대를 불러 모을 것인가에 대한 고민은 교회만 하는 것이 아니다.

세계적으로 탈종교화가 급속도로 진행되고 있다. 한국도 예외는 아니다. 2019년 프랑스 퐁피두 센터 건너편에 등장한 한국어 광고판이 있었다. 이 광고는 프랑스뿐 아니라 전 세계 주요 도시, 주요 광장에도 나타났다. 국내 기업의 스마트폰 광고였다. 다른 나라에서 모국의 언어로 광고를 한다는 건 쉽지 않다. 따라서 그 광고는 우리나라의 국력이나 우리나라가 가진 문화적인 힘이 세계에서 영향력을 끼치고 있다는 증거이다. 바꿔 말하면, 외국에서 지금 일어나고 있는 일이나 문화적인 수준이 지금 우리나라의 MZ세대와 비슷하게 간다고 생각하면 될 것이다. 그렇다면 지금 한국교회는 어떤 준비를 해야 할까.

그림 81, 82 프랑스와 미국 뉴욕 타임스퀘어에서 진행된 한글 광고
출처 : 삼성전자

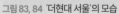

그림 83, 84 '더현대 서울'의 모습

MZ세대는 누구인가

먼저 다음세대, 즉 MZ세대에 대한 고민을 해봐야 한다. 요즘 아이들은 한 직장에 오래 다니지 않는다. 공무원이 되기 위해 노력을 했는데도 불구하고 임용된 지 몇 년 안되어 3분의 1이 퇴사한다. 기업의 가장 큰 고민이 Z세대를 어떻게 회사에 붙들어 놓느냐가 되어 버렸다. 왜 이런 변화가 생긴 것일까. 몇 년 전, 국내를 떠들썩하게 했던 '땅콩 회항'과 같은 일에 반기를 드는 움직임이 아시아 전역에서 일어나고 있다. MZ세대들은 납득되지 않는 권위에는 순종하지 않는다는 특징이 있기 때문이다. 이것은 교육분야에도 영향을 끼치고 있다. 우리나라의 한 학생이 서울대학교에 합격했음에도 불구하고 '미네르바 스쿨'[33]을 선택해 화제를 모은 바 있다. '미네르바 스쿨'은 건물이 없고 온라인으로 수업을 받는 학교로 한 군데에만 있지 않다. 1학년 1학기 때 서울에서 수업을 받았으면 2학기 때는 동경에서 수업을 받고, 2학년 1학기 때는 유럽으로 날아가서 런던에서 수업을 받는다. 이렇게 4년 동안 공부를 하게 되는데, 온라인 수업을 들으면서 유명 기업들의 인턴십에도 참여하는 것이 특징이다. 이처럼 MZ세대는 경쟁보다는 문화적인 완성도를 따라 움직이기 시작하는 것이다. 또한 최근 일본 MZ세대 사이에서 SNS를 타고 유행하는 것이 있는데, 바로 '도한놀이'이다. 한국 음식과 과자를 사고 한국 옷을 입고 K드라마를 보는 모습을 사진으로 찍어 인증하는 것이다. 그리고 일본 동경에서 가장 인기 있는 거리는 신주쿠가 아닌 한인타운 '신오쿠보'이다. 지난 6월에는 한국대사관에 20대 일본 청년들이 비자를 받기 위해 밤새 줄을 섰던 적도 있다. 20년 전만 해도 상상할 수 없었던 일. 세상은 이렇게 달라졌다.

MZ세대를 사로잡다

그렇다면 과연 MZ세대를 상대로 성공한 사례가 있을까. 최근 이들을 공략해 놀라운 성공을 거둔 곳이 있다. 바로 여의도에 있는 '더 현대 서울'. 처음 이곳에 백화점이 생긴다고 했을 때 사람들은 반신반의했다. 낮에는 14만 명의 유동인구가 있지만 저녁엔 4만 명으로 줄어드는 곳이 여의도였기 때문이다. 그런데 요즘 여의도의 풍경이 달라졌다. 서울투어의 필수코스가 되었고 지방에서 올라온 MZ세대는 캐리어 보관 서비스를 이용하며 이곳을 즐긴다. 전체 백화점 이용 고객의 절반이 MZ세대로 이루어진 이곳의 성공 비결은 무엇일까.

먼저, 지하철역과 연결된 지하 2층은 젊은이들이 모이는 공간으로 꾸몄다. 그곳은 임원들은 모르는 브랜드로만 채웠다. 여기에 '백화점'이라는 이름도 버리고, 새로운 이름으로 서비스를 시작했다. MZ세대는 물건만 사러 오는 게 아니라 놀러오는 것이기 때문에 테마파크와 같은 개념으로 공간을 기획한 것이다. 어른들에게는 정신없는 공간, 그곳은 일부러 그렇게 만들어졌다.

이뿐만이 아니다. 가장 좋은 자리에 경쟁사 커피 브랜드를 입점하고 과거 백화점에서는 볼 수 없었던 문신이나 염색을 한 직원도 볼 수 있다. 한 브랜드는 크루직원들이 마네킹 역할을 대신하며 자신만의 개성을 뽐내고, MZ세대와 소통하고 있다.

MZ세대를 타깃으로 한 교회를 짓는다면 본당의 규모는 줄이고, 아이들이 놀 수 있는 공간을 많이 만들어보라고 제안하고 싶다.

MZ세대가 생각하는 종교 의식ritual

이렇게 자유분방하고 자신의 의지가 확고한 MZ세대가 점점 교회를 떠나고 있다. 때문에 대다수가 MZ세대는 종교에 관심이 없다고 생각한다. 그러나 홍대나 강남역, 성수동 등 다음세대가 주로 가는 곳을 보면 한 집 건너 한 집씩 타로와 점집이 있다. 또한 필요한 물건을 미리 예약해서 살 수 있는 한 온라인 크라우드 펀딩Crowd Funding 에 타로 카드 관련 프로젝트가 170개 넘게 올라와있다. 또한 인센스[34] 와 스머지스틱[35] 이 큰 관심 속에서 판매량을 늘려가고 있다. 절에서 피우는 향과 인디언들이 제사 의식에 쓰던 것이 한국 MZ세대의 아침을 깨우고 있는 것이다. 그렇다고 그들이 종교적으로 깊이 빠졌다고 생각하진 않는다. 종교라는 형태에 관심이 없을 뿐, 영적인 것에 관심이 없는 것은 아니다.

공동체가 중요한 MZ세대

MZ세대가 중요하게 생각하는 것 중 하나는 바로 공동체이다. MZ세대는 함께 있는 건 불편하지만 혼자 있는 것도 싫다고 말한다. 그래서 10명 중 6명이 외로움을 느낀다고 한다. 목회데이터연구소 조사에 따르면, 교회에 청년이 남아있는 이유는 목회자의 설교 때문이 아닌 **공동체 안에 의지하는 친구가 있기 때문**이다.

또한 다음세대는 **수준 높은 공동체를 원한다.** 이런 특징을 보여주는 한 예가 있는데 바로 독서 클럽이다. MZ세대 사이에서 인기 좋은 한 독서 클럽은 책도 내 돈으로 사고, 쓴 독후감을 발표할 때도 내 돈을 낸다. '내돈내산'임에도 불구하고 이곳으로 사람들이 모이는 이유는 책을 쓴 저자나 큰 스타트업 임원, 인문학자가 함께하며 수준 높은 대화를 나눌 수 있기 때문이다. 이밖에도 1인당 7만 원~10만 원 정도를 지불하고 큐레이터 등 전문가의 설명을 들으며 식사를 할 수 있는 서비스도 인기다.

과거 유통업계에서 '1만 달러가 있으면 집을 바꾸고 2만 달러가 있으면 차를 바꾸고 3만 달러가 있으면 가구를 바꾼다'는 말이 있었다. 집과 차는 없으면 안 되지만 가구는 없어도 되고, 저렴한 것을 써도 된다는 의미이다. 그러나 요즘 아이들은 작은 원룸에 살아도 가구를 갖춰놓는다. 이 아이들은 태어날 때부터 3만 달러 시대를 살고 있고, 3만 달러 시대의 마인드를 가지고 있다는 것을 기억해야 한다. 이처럼 **공동체를 만드는 것도 중요하지만 그 공동체가 어느 정도의 수준인지가 중요한 시점**이 되었다.

환경문제는 곧 우리의 문제

또한 MZ세대는 부모세대가 망쳐놓은 지구에서 살게 됐다. 그렇기에 환경에 관심이 많을 수밖에 없다. 따라서 물건을 주문할 때 플라스틱이 적게 들어가는지 혹은 포장재가 종이인지 비닐인지를 항상 살펴보고 신경 쓰게 됐다. 지속 가능한 브랜드인지 로컬 소비인지, 그리고 어느 나라 제품인지 따진다. 자신들이 앞으로 이 지구를 책임져 나가야 하기 때문이다. 교회가 환경 문제에 관심을 가져야 하는 이유이기도 하다.

권위적이지 않은 교회를 찾다

그렇다면 MZ세대를 다시 교회로 모이게 할 수 있는 방법은 무엇일지 고민해볼 시점이 됐다. 많은 목회자가 어떻게 하면 MZ세대를 교회로 향하게 할지 고민한다. 그러나 지금처럼 열심히만 하면 그들이 교회로 올지 미지수다. 미국 내 급성장하는 패스트 그로잉 처치Fast Growing Church [36] 들은 30대 이하의 교회 경험이 없는 사람들에게 다가가기 위해 움직이고 있었다. 담임목사가 재킷 대신 점퍼를 입고 머리 스타일을 완전히 바꾸며 기존의 권위적이었던 틀을 깨는 모습을 보인 것이다. 심지어 '우리 교회에 오세요'가 아닌 '조인 에이 팀Join A Team'이라는 세상의 언어를 사용하기도 한다. 또한 교회 내 사역의 가짓수를 줄이는 것도 특징 중 하나이다. 과거 다양한 사역을 하는 게 은혜였다고 하면, '패스트 그로잉 처치'에서는 진짜 잘하는 몇 가지 사역에 집중하며 차별화가 되는 것에 초점을 맞춘다.

한국교회 청년들에게 전도에 대해 물었을 때, 한 번쯤은 친구를 교회에 데리고 올 수 있지만 계속 오라고 할 수 없다고 말한다. 교회 안의 공기가 세상과 너무 동떨어져 있기 때문이다. 이것은 교회의 미래를 위해 깊게 생각해봐야 할 부분이다.

십자가는 성도들의 삶에 있다

예배를 드릴 때 하나님께 가장 좋은 것을 올려드려야 하기에 예배 시간에 늦지 않아야 하고 정돈된 옷을 입어야 하는 것에 동의한다. 그동안 교회가 해왔던 일들이 잘못됐다는 것이 아니다. 그러나 세상과 사람들은 달라졌고, 복음을 전혀 들어본 적 없는 사람들에게는 그 기준이 너무 높다. 그래서일까. 요즘 미국의 많은 교회가 교회 로고에서 십자가를 지우고 있다. 그렇다고 그들이 배교의 길을 걷는 것일까. 관찰해 보니, 교회가 십자가를 없애는 것이 아니었다. 교회 안에 십자가가 있었다. 성도들의 삶에 십자가가 있었다.

교회의 파괴적인 혁신

현재 대한민국에는 하나님을 알지 못하는 세대가 늘어나고 있다. 그래서 하나님께서 한국교회 선교의 문을 닫는 것처럼 보일 수도 있다. 그러나 하나님께서는 제2장을 준비하고 계신다. 그 중심에는 MZ세대가 있다. 물론 기성세대에게 익숙한 교회 문화로 한순간에 바꾸는 건 어렵다. 그러나 그것이 젊은 세대에겐 정답이 아닐 수도 있다는 것을 명심해야 한다. 우리에게 익숙한 문화를 새로운 관점, 다른 관점에서 바라보려는 시도가 필요하다는 뜻이다.

돌아온 탕자, 둘째 아들을 위하여

그동안 교회는 교회 안에서 신앙생활을 하는 첫째 아들을 위한 곳이었다. 그러나 밖에는 쥐엄나무열매를 먹고 있는 둘째 아들도 있다. 그들은 좋은 옷을 입을 수 없고, 더러운 환경에 놓여있다. 돌아올 수 없는 둘째 아들들을 위해 교회가 '여기가 당신의 집입니다'라며 환영하는 발걸음을 걸어야 한다. 우리가 정결하게 살아야 하는 것이 맞지만, 우리가 부정하다고 생각하는 것을 하나님께서 정하게 하셨다고 ^{행10:14-16} 말씀하셨다. 지금의 교회는 밖에 있는 세상의 둘째 아들들이 올 수 없는 모습을 하고 있다.

우리가 영적인 무장을 하고 그들을 찾아가던가, 그들이 교회를 보고 '저 곳에 가도 되겠다'고 느낄 수 있게 만들어주는 것이 우리의 사명이다.

하이브리드 처치

– 소망교회 조성실 목사

온라인 교회의 시작

온라인 교회는 인터넷의 발달과 함께 많이 시도되었고 또 여러 가지 형태로 우리 곁에 존재해 왔다. 이미 2004년 3D를 기반으로 한 온라인 실험들이 진행됐고, '세인트픽셀St Pixels'이라는 온라인 교회는 성도들만 모여 예배를 드리는 것이 아니라 이 교회를 운영해 나갈 수 있는 교역자들을 실제로 온라인상에 세우기도 했다. 이후 조금 더 보완된 모습으로 '세컨드 라이프'라는 게임 공간 안에 교회가 등장하고 이곳에도 많은 사람이 함께 모여 예배를 드리기 시작했다. 또한 '라이프 처치'라는 교회는 온라인 교회와는 형태가 다르지만 코로나 이전부터 실시간으로 예배를 스트리밍 해왔고, 지금도 활발하게 성도들이 모이고 있다. 나아가 최근에는 VR기기를 이용한 가상공간, 메타버스 안의 교회도 생겨나고 있다.

온라인 교회로 전환하는 교회들

미국 덴버 지역의 대형 교회 중 하나인 포터스하우스교회는 2022년에 교회 건물을 매각했다. 앞으로 온라인 교회로만 간다고 선언하는 교회들이 생겨나고 있다. 온라인 교회는 사이버 교회, 인터넷 교회, 디지털 교회와 VR 교회, 메타버스 교회 등 다양한 용어가 있고, 또한 많은 교회가 여러 가지 형태로 등장하고 있는데 그 흐름도 굉장히 빨라지고 있다. 특히 코로나19 이후 온라인 교회에 대한 관심과 시도가 더욱 증폭되고 있다.

오프라인 교회는 사라질 것인가

그럼 오프라인 교회는 더 이상 존재하지 않을 것인가. 그리고 온라인으로 가상현실에서만 모이는 교회도 교회인가 하는 의문이 들 것이다. 실제로 코로나19를 겪으며 이 두 가지 질문을 놓고 치열하게 고민하고 또 신학적인 연구도 일어나고 토론도 일어났다. 그런데 이런 질문은 조금 뒤로 미뤄두었으면 좋겠다. 그보다 먼저 우리가 생각해야 될 또 다른 사역의 고민이 있기 때문이다. 김난도 서울대학교 교수가 쓴 '더현대 서울 인사이트'라는 책을 보면 이런 문구가 나온다. "죽어가는 것은 오프라인 공간이 아니라 고정관념이다. 지루한 공간은 죽고 가슴 설레는 공간은 산다" 다시 말해 오프라인 공간이어서 죽는 게 아니라 그 오프라인 공간이 더 이상 가슴 설레는 공간이 아닐 때, 지루한 공간으로 남아 있을 때에 그 공간은 죽은 공간이 된다. 실제로 다음세대들이 더 이상 오프라인에 관심이 없고, 모두 온라인 또는 게임 공간에서만 활동하는 것이 아니다. 글로벌 리서치 기관

그림 85, 86 세인트픽셀의 메타버스 예배, 라이프 처치의 예배

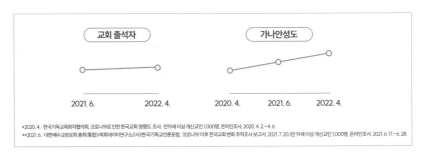

*2020. 4. : 한국기독교목회자협의회, 코로나19로 인한 한국교회 영향도 조사, 만19세 이상 개신교인 1,000명, 온라인조사, 2020. 4. 2.~4. 6.
**2021. 6. : 대한예수교장로회 총회(통합)/목회데이터연구소/(사)한국기독교언론포럼, '코로나19 이후 한국교회 변화 추적조사 보고서, 2021. 7. 20.(만 19세 이상 개신교인 1,000명, 온라인조사, 2021. 6. 17.~6. 28.

그림 87 온라인 교회 참여 의향률
출처 : 한국기독교목회자협의회, 코로나19로 인한 한국교회 영향도 조사(2020), 대한예수교장로회총회/목회데이터연구소/(사)한국기독교언론포럼, '코로나19 이후 한국교회 추적조사 보고서(2021)'

인 GWI가 연령별 오프라인 쇼핑 선호도를 조사해보니 직접 매장에 가서 물건을 찾고 사는 오프라인 쇼핑은 여전히 Z세대에게 중요하다는 결과가 나왔다. 또 다른 조사에 의하면 MZ세대의 무려 81%가 온라인 쇼핑보다 오프라인 쇼핑을 선호한다는 연구 결과도 있다. 그 이유는 놀랍게도 오프라인에서 직접 물건을 경험을 할 때 온라인으로부터 해방감을 느끼기 때문이라고 한다. 이것은 여전히 오프라인은 중요하다는 것을 보여준다. 앞으로 오프라인이 끝나고 모든 것이 온라인에서 이루어지는 시대가 될 것이라는 건 어쩌면 우리만의 생각일 수도 있다.

온라인 교회의 성장

물론 오늘날 신앙생활에 있어 온라인이 미치는 영향은 크다. 개신교 전체에 온라인 신앙생활에 대한 의견을 물었을 때 42%가 온라인으로 신앙생활을 하는 것에 비교적 만족한다는 의견이 나왔다. 또한, 코로나19 이후에도 온라인 교회에 참여할 의향이 있다고 답하는 비율도 점점 높아지고 있다. 특히 교회 내부의 성도들뿐만 아니라 우리 흔히 이야기하는 '가나안 성도들', 교회 밖의 성도들에게 물었을 때에 온라인 교회 참여 의향률이 더 높아졌다.

그렇다면 이런 고민이 생기게 될 것이다. 현장에서 예배를 드리는 성도가 줄어드니, 온라인 송출을 끊어야하는 것이 아닌가 하는 고민 말이다. 실제로 '현재 출석하는 교회에서 온라인 예배 중계를 중단한다면 다른 교회 온라인 예배나 방송 예배에 참석하겠느냐'는 질문에 많은 사람이 현장으로 출석하겠다고 답했다. 그러나 중요한 것은 해가 갈수록 다른 교회의 온라인 예배로 가겠다고 하는 응답의 비율이 점점 더 높아지고 있다는 점이다. 이 이야기는 이미 많은 성도가 온라인 신앙 형태에 익숙해졌다는 의미이다.

온라인과 오프라인의 공존

그렇다면 모든 것을 온라인으로 전환해야 하는가. 그렇지 않다. 실제로 자신에게 가장 적합한 예배의 유형이 무엇인지를 묻는 조사에서 대부분의 개신교인이 '대면 예배 또는 대면과 비대면이 함께 어우러진 예배를 선호한다'고 답했다. 또한 영적인 대화를 나눌 때 '온라인이 아닌 직접 만나서 얼굴과 얼굴을 맞대고 하는 것이 훨씬 더 좋다'는 의견이 압도적으로 많았다. 또 '교회가 이전처럼 대면 예배 중심으로 돌아오길 기다렸다'는 응답이 무려 83%나 된다.

이런 결과는 온라인이 맞고 오프라인은 죽었다거나 오프라인으로만 모여야 하고 온라인은 지양해야 한다는 식의 이분법적인 논의를 할 때가 아니라는 것을 보여준다. 그보다 우리는 먼저 온라인과 오프라인 모두 관심을 가지고 목양해야 할 영역이라는 것을 깨달아야 한다.

하이브리드 교회의 탄생

서울대학교 생활과학대학 소비자학과 김난도 교수는 "온라인은 필요에 기반을 둔 합리적 가격과 편의성에 집중하고, 오프라인은 열망에 기반을 둔 경험과 재미에 집중한다"고 했다. 그래서 온라인 예배자들의 마음속 깊은 곳에 편의성이 자리 잡은 게 아닐까 생각한다. 아침 일찍 일어나지 않아도 되고 주차난을 겪지 않아도 되고, 내 방에서 예배를 드릴 수 있는 편의성이 온라인 예배에 머물게 하는 가장 큰 이유일 거라고 추측할 수 있다. 이들을 현장으로 이끌어내고 싶다면 교회가 단순한 시각적인 경험을 넘어서는 다양한 경험을 제공해 줄 수 있어야 한다. 그리고 어느 때보다 뜨겁게 예배하는 경험과 온라인에서 느낄 수 없는 신앙적인 만족도를 현장 예배 가운데 제공해줘야 한다는 것이다. 그래서 더 이상 온라인과 오프라인의 관계를 대립의 관계가 아닌 상호 보완의 관계로 보아야 한다. 이제 '온라인 vs. 오프라인'이 아니라 '온라인&오프라인'으로 목회 영역을 확장해야 할 때가 왔다. 이런 관점에서 '하이브리드 교회'가 탄생했다.

가정적이고 안전한 소통형 교회

하이브리드 교회는 온라인과 오프라인 중 어느 한 장소를 기본으로 삼지 않는다. 그리고 어느 한 곳에 우선성을 두지 않는다. 오프라인 예배가 진짜이고 온라인 예배는 가짜이며 현장에 나오는 성도가 더 열심히 하고 온라인은 그렇지 않다고 구분 짓는 게 아니라 두 곳 모두 동일하게 바라보는 것이다. 또한 온라인과 오프라인 두 영역을 매우 진정성 있게 살피고 동일한 관심으로 그 성도들을 보살피는 노력을 하는 것이다.

하이브리드 교회라는 용어는 미국의 유명한 리서치 기관인 바나 그룹에서 계속해서 연구하고 있는 내용이다. 이 그룹에서 실시한 설문조사에서 MZ세대의 약 40%가 코로나19 이후 대면과 비대면이 혼합된 하이브리드 형태의 예배를 선호한다는 응답이 나왔다. 따라서 코로나19가 지나고 있는 지금이 대면과 비대면을 통합할 수 있는 기회이다. MZ세대들은 하이브리드 교회 모델에서 접하는 온라인 표현들이 자신들의 영적 성장을 위해 가치 있다고 느끼고 있는 것이다.

영국의 피터 필립스 교수는 그의 책 '하이브리드 처치'를 통해 "가정적이며 안전한 소통형 교회"라고 정의했다. 교회 내 많은 구성원을 보면 여러 가지 이유로 교회에 나오지 못하는 경우가 많다. 그래서 교회가 그들을 어떻게 보살펴야 하는지 고민하고 진정성 있게 다가가야 한다는 것이다. 우리 교회도 올해 온라인 교구를 만들었다. 먼 곳으로 출장이나 이사를 갔거나, 몸이 아프거나 우울감으로 사람 만나는 게 두렵다는 등 이런 여러 가지 이유로 현장 예배에 나오지 못하는 성도들이 클릭 한 번으로 용기를 내면 공동체 안에서 목회자의 보살핌을 받으며 신앙생활을 할 수 있도록 적극적으로 돕고 있다. 이처럼 가정적이고 안전한 소통형 교회가 하이브리드 교회 모델로 등장해야 될 때라는 것이다.

'온감'-온라인에서 휴먼 터치를 만나다

그렇다면 하이브리드 목회의 인사이트는 무엇이 있을까. 먼저 **'온감'**이다. 하이브리드 교회는 온라인에서 휴먼 터치를 구현해야 한다. 요즘 매장에 많이 설치돼 있는 키오스크를 보면 환대받는 느낌이 들거나 따뜻한 정감이 느껴지지 않는다. 이처럼 아무리 기술이 발전해 편리하고 합리적이라고 해도 사람은 여전히 사람의 손길을 필요로 하고 그리워한다는 것이 바로 휴먼 터치의 핵심이다. 따라서 하이브리드 교회는 온라인 영역을 이런 휴먼 터치 기술로 접근해 따뜻하게 만들어 나가야 할 필요가 있다. 교회가 가장 먼저 관심을 가져야 할 영역은 바로 홈페이지이다. 교회의 목회 철학이나 지향점을 보여주기 위해 먼저 따뜻하게 다가가야 할 대상은 누구일까? 주로 홈페이지에 들어오는 사람들은 기존 교인이 아니다. 교회의 첫 인상을 확인하는 사람들은 그 교회에 관심이 있는 새 가족이다. 새 가족에게 따뜻한 환대의 느낌을 제공해주려면 어떻게 해야 할까. 미국의 새들백 교회의 홈페이지 첫 화면에는 함께 온라인으로 예배드릴 수 있는 페이지로 넘어가는 버튼과 한 번만 클릭하면 바로 새 가족으로 등록할 수 있는 페이지로 넘어가는 버튼이 크게 배치되어 있다. 간단한 인적사항을 넣으면 실제로 새 가족 담당자가 연락을 하기 시작한다. 또한 온라인 예배

Connection Card

설교를 듣고…

☐ 예수를 따르기로 결심했어요.

☐ 소망교회 등록을 희망합니다.

☐ 소그룹에 참여하고 싶어요.

☐ 영적으로 성장할 수 있도록 도와주세요.

☐ 세례를 받고 싶어요.

☐ 하나님의 사랑을 나누는 일에 동참하고 싶어요.

기도요청

요청해주신 기도는 온라인사역실 중보기도팀에서 기도합니다.

이름

이메일

전화번호

기도요청

그림 88 소망교회 '커넥션 카드'

그림 89 온라인 환경에서 기도 시 경험한 것

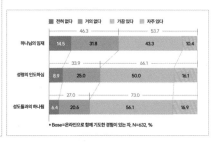

지표	디지털 성숙도		
	하(10점)	중(15점)	상(20점)
디지털 전환에 대한 필요성을 인식하고 있는가?			
현재 디지털 기술을 새로운 방식에 활용하고 있는가?			
분명하고 일관된 디지털 전략이 수립되어 있는가?			
디지털 전환을 위한 조직문화가 준비되어 있는가? (위험감수, 적극적 추진, 다양한 시도, 협력 및 보상)			
디지털 전문 인력이 있는가?			

그림 90 교회의 디지털 성숙도 지표

를 드릴 때 혼자 예배드린다는 느낌이 들지 않도록 채팅창 등의 소통창구를 만들어놓기도 했다. 이 교회는 온라인으로 예배만 송출하는 것이 아니라 그 예배 시작과 끝에 '웰커머'Welcomer 라는 교역자가 나와 온라인으로 예배드리는 성도만을 위한 환영을 해준다. 그들을 환영하고 특별히 전해야 될 교회 소식이 있으면 전하는 등 온라인 예배자들이 계속해서 적응하며 교회에 등록할 수 있도록 안내해준다. 이처럼 교회는 온라인 예배를 드릴 때에도 어떻게 하면 함께 예배드리는 분위기와 그 마음을 전달한 것인지 고민해 봐야 한다.

소망교회도 설교를 듣고 마음에 감동이 있을 때 교회와 연결될 수 있는 '커넥션 카드'라는 것을 만들었다. 설교를 듣고 예수를 따르기로 결심했다거나, 소그룹 참여 희망이나 세례 희망 등을 체크하면 교역자가 바로 후속 조치를 제공하고 있다. 또한 성도들은 누군가 나를 위해 기도해줄 때 감동을 받는다. 온라인에 있는 1:1 기도 버튼은 그렇게 아프고 힘든 누군가의 상처를 치유하고 위로하는 창구 역할을 하고 있다.

'실재감'-오프라인에서 현존을 느끼다

두 번째는 '실재감'이다. 이것은 오프라인에서 어떻게 현존을 느끼게 할 것인가에 대한 고민이다. 요즘 MZ세대 사이에 '인생네컷'이라는 사진이 유행이다. 과거 스티커 사진이라고 불렸던 것과 비슷한데 아이러니하게도 요즘 스마트폰의 화질이 뛰어남에도 불구하고 아이들은 굳이 매장까지 가서 사진을 찍는다. 그 이유에 대해 여러 가지 논의가 있지만, 아이들은 추억을 남기고 싶은 것이다. 단순히 사진을 찍어 휴대폰에 저장하는 것이 아니라 인화된 사진을 받아들고 만지며 함께하고 그것을 추억하는 것이 서로 끈끈해지는 하나의 의식과 같다는 것이다. 실제로 온라인 예배에 대한 만족도와 집중도를 물어봤을 때 놀랍게도 젊은 세대일수록 온라인 예배에 집중하기 어렵다고 답했다. 온라인을 더 좋아할 것이라는 예상을 빗나간 것이다. 또한 온라인 예배에 대한 선호도가 가장 낮은 연령대는 19세~29세였다. 또한 대면 예배에 대한 선호도는 60세 이상에 이어 두 번째로 높게 나타났다. 쉽게 말해 다음세대는 대면 예배드리는 것을 여전히 좋아하고 또 바라고 있다는 것이다. 따라서 다음세대를 위해 더 다양한 감각을 전해줘야 한다. 예를 들어 실제로 예수님의 몸과 피를 받고 느끼는 성찬식은 현장에서만 줄 수 있는 소중한 경험인 것처럼, 교회가 다음세대에게 줄 수 있는 가장 큰 실재감인 하나님의 현존을 느낄 수 있도록 하기 위해 예전liturgy을 더욱 강화할 필요가 있다. 때문에 소망교회 온라인 교구에서는 한 달에 한 번 교회에 와서 대면 예배를 드리고 성도들이 함께 만나 손을 맞잡고 기도를 한다. 작은 촛불을 함께 밝히며 하나의 공동체가 되어 예배드리는 경험을 제공하고 있다.

'소속감'-소그룹에서 길을 찾다

    세 번째 키워드는 '소속감'이다. 코로나19 이후 교회가 위기를 극복할 수 있는 가장 실질적이고 효과적인 방법이 바로 소그룹이라는 것은 다들 동의할 것이다. 요즘 SNS에는 '러닝 크루'라는 태그가 인기이다. 이것은 함께 한강이나 거리를 뛸 동료를 찾는다는 것이다. 모든 일정 조율은 온라인으로만 진행한다. 각자의 삶을 살다가 정해진 시간이 되면 몇 십 명이 약속된 장소에 모여 달리기 시작한다. 끝나고 뒤풀이도 가지 않는다. 서로 인사하고 곧바로 헤어진다. 이것이 MZ세대의 소통 방법이다. 소그룹에 소속되고 싶고, 함께 하고 싶은 욕구는 있지만 그렇다고 너무 친밀해지거나 자신의 모든 걸 드러내기에는 아직 두려워한다는 것이다. '지금 팔리는 것들의 비밀'이라는 책을 쓴 저자는 MZ세대의 7가지 욕구 중 하나로 '부족사회'를 꼽았다. 기성세대보다 끼리끼리의 문화가 훨씬 더 강화될 것이고 당연히 소모임과 살롱 문화가 강화될 수밖에 없으며 동시에 그들은 '느슨한 연대'를 지향한다고 설명했다. 끈끈하게 남과 묶이는 걸 원치 않고 동일한 관심사와 목적을 가진 사람들이 느슨하게 연결돼 있는 모임을 선호한다는 뜻이다. 실제로 이런 소모임에 대한 견해는 온라인 예배자들에게도 나타났다. '온라인으로도 소속감을 느낀다'고 답한 비율이 생각보다 높게 나타났기 때문이다. 그리고 온라인으로 예배드리고 기도할 때에도 성도들과 하나 되는 것을 경험한 사람도 있고 성령의 임재나 하나님의 인도하심을 느꼈던 성도들이 있었다.

이런 상황에서 교회가 실질적으로 무엇을 할 수 있을까. 지역을 기반으로 한 일방적인 소그룹 형식은 지양할 때가 됐다. 같은 관심사를 가지고 있거나 같은 상황에 처한 사람들끼리 만나게 해줘야 한다. 같은 연령대라고 해도 결혼과 자녀 유무, 그리고 자녀의 나이에 따라 기도 제목이 다 다르기 때문에 교회는 성도들의 실질적인 필요를 충족시켜 줄 필요가 있다. 자발적으로 온라인 내에서 모일 수 있도록 매칭 페이지를 만드는 것도 방법이다.

'장소감'-나만의 장소를 만들다

마지막 키워드는 '장소감'이다. 장소감은 성도들이 '여기가 나를 위한 부르심의 장소'라는 것을 느낄 수 있는 기회를 계속해서 제공해주는 것을 말한다. 이 푸 투안이라는 지리학자는 "공간과 장소는 다르다. 공간에 우리의 경험과 삶, 애착이 녹아들 때 그곳은 장소가 된다"고 말했다. 장소감을 주는 가장 효과적인 방법은 무엇일까. 바로 봉사의 자리로 계속 초청하는 것이다. 디지털 환경에서 교회가 해야 할 일은 여러 가지 콘텐츠를 제작하고, 제자 훈련을 하는 것은 물론, 교회에서 봉사하고자 하는 성도들에게 기회를 제공하는 것이다. 교회 홈페이지를 통해 현재 교회 내부에서 진행되고 있는 봉사를 게시하고, 클릭 한 번으로 봉사 부서와 연결될 수 있

크리스천 인사이트

도록 만들어주어야 한다. 많은 교회는 성도들이 알아서 봉사의 자리로 찾아오길 바라지만 다음세대에게 그것은 너무 힘든 일이다.

또한 어느 성도에게는 교회 예배당의 장의자가 장소감을 줄 수 있다. 동시에 온라인으로 함께 기도하며 나누는 성도들에게는 그 온라인 공간이 그들만의 장소가 될 수 있다. 이런 장소감을 온라인과 오프라인 가운데 계속해서 구축해 나간다면 성도들은 장소를 기억하며 나아올 것이다.

교회의 디지털 성숙도를 파악하라

지금까지 네 가지 인사이트를 알아보았다. 그렇다면 하이브리드 목회 전략은 어떻게 세우는 것이 좋을까. 먼저 우리 교회의 디지털 성숙도를 파악할 필요가 있다. 각 교회마다 코로나19 이후 온라인에 대한 관심은 높아졌다. 이제 무엇부터 해야 되는지에 대한 고민이 생겨나기 시작했다. 따라서 디지털 전환에 대한 필요성을 인식하고 있는지, 현재 디지털 기술을 새로운 방식에 활용하고 있는지, 분명하고 일관된 디지털 전략이 수립되어 있는지 디지털 전환을 위한 조직문화가 준비되어 있는지 그리고 디지털 전문 인력이 있는지, 살펴봐야 한다. 우리 교회가 잘하고 있는 것은 무엇이고 부족한 것은 무엇인지 파악해서 그 부분부터 디지털화하거나 온라인 사역을 시작해야 한다.

옴니 채널을 구축하라

두 번째는 옴니 채널을 구축해야 한다. 옴니 채널이란 과거와 같이 문자와 현수막 등의 멀티채널을 통해 홍보를 하는 것이 아닌, 각각의 채널들이 유기적으로 연결돼 있는 것을 말한다. 쉽게 새 가족 등록을 예로 들어보자. 삶의 힘든 시기를 보내고 있는 한 사람이 SNS를 보다가 누군가 뜨겁게 모여서 기도하는 사진을 보게 됐다. 이런 모임을 했으면 좋겠다는 생각에 SNS 프로필을 클릭했더니 교회 홈페이지로 연결이 됐다. 그 홈페이지 가장 첫 부분에 있는 새 가족 등록에 간단한 인적사항을 넣었더니 담당자에게 연락이 왔다. 주일에 교회에 몇 시까지 오면 된다는 안내를 받고 실제로 그 시간에 교회를 갔더니 따뜻하게 맞이해주고 교회 등록까지 도와줬다. 이런 과정이 다 분리돼 있는 것이 아니라 유기적으로 매끄럽게 연결되어야 한다는 것이다. 이렇게 되기 위해서 우리는 조금 더 친절해야 하고 각각의 채널이 잘 연결돼 있는지 날마다 살펴야 한다. 요즘 방치된 교회 홈페이지가 많다. 그렇다면 가장 큰 채널의 연결 단계가 끊겨진 것이다. 끊임없이 외부인의 시선으로 채널을 관찰하고 관리하고 또 연결해야 한다.

양손잡이 전략을 구사하라

마지막으로 양손잡이 전략을 구사해야 한다. 코로나19가 터지면서 유통업계들은 새벽 배송을 했다. 하루가 지나기 전에 물건을 받아볼 수 있게 하는 서비스에 많은 기업이 뛰어들었는데, 놀랍게도 적자를 기록했다. 이런 상황에서 유일하게 흑자를 기록한 기업이 있다. 그곳은 온라인으로만 판매를 하는 것이 아니라 그날 다 팔지 못한 상품을 오프라인 매장으로 바로 보내 판매하는 '양손잡이 전략'을 구사했다. 이처럼 우리가 온라인만 생각하고 오프라인을 너무 쉽게 포기하는 것이 아니라 양쪽 다 관심을 가지면서 양손잡이 전략을 취해야 급변하는 시대 속에서 시행착오를 훨씬 더 줄일 수 있다.

다음세대가 가장 관심 있게 보는 키워드는 '목회자가 진정성을 가지고 우리를 대하고 있는가'이다. 진정성 있게 다가간다면 화려한 홈페이지나 기술이 없어도 그들은 다가올 것이고, 많은 투자와 재원을 들여 시스템을 갖춰놓아도 그 안에 진정성이 발견되지 않는다면 그들은 교회로부터 발걸음을 돌릴 것이다. 따라서 진정성 있는 발걸음을 위해 노력하고 성도들에게 자신만의 경험을 만들어낼 수 있는 '나만의 장소'를 만들어주기 위해 고민하며, 하이브리드 목회를 준비하는 한국교회가 되길 소망한다.

역동적인 소그룹 사역

– 한국소그룹목회연구원 이상화 대표

코이노니아를 법적으로 금지 당한 한국교회

2020년 1월 20일, 우리나라에 처음 코로나19 감염환자가 발생했다. 그리고 한국교회는 2020년 3월 12일, 정부 당국으로부터 감염예방을 위한 현장 예배 집회의 제한은 물론 '교회 내 소모임 금지 및 단체식사 금지 의무화 조치'로 소그룹을 통한 코이노니아를 법적으로 금지 당했다. 엔데믹시대를 맞이한 지금, 예배의 회복과 함께 소그룹 목회의 중요성이 그 어느 때보다 중요하게 대두되었다.

엔데믹시대, 한국교회의 초상

이 사회는 현재까지도 마스크를 쓰고 있는 상황 속에서 상대방의 표정과 감정을 읽을 수 없는 긴장감이 더해가면서 우울감은 깊어지고 분노가 많아졌으며 결국 깊은 관계를 이루지 못하고 공동체 자체가 형성되기 어려운 파편사회의 국면을 맞이했다. 또한 남에게 피해를 주지 않는 상황에서 나만 잘 되고, 잘 살면 된다는 '슈퍼개인'이 모든 것을 독식할 수 있는 양상이 대두되었다. 한 사람은 잘 사는데 나머지 99명은 지독한 어려움 속에 갇히는 양극화의 골이 더 깊게 드러난다.

한국교회의 현실도 마찬가지다. 기독 청년 가운데 69%가 '우리 세대는 불행하다'고 인식하고 있고, 4명 중 1명은 심각하게 자살을 생각한 적이 있다는 조사 결과가 있다. 한 마디로, 교회와 사회 모두 깊은 고립감 속에 각자도생하는 시대가 엔데믹 시대 한국사회의 초상인 것이다.

온택트Ontact 산업의 확장

이런 현실을 역행하는 사회적 흐름이 있다. 사회적 거리두기 단계가 강화되고 일상회복도 다시 주춤하게 된 상황에서 오히려 비대면을 전제로 한 온택트Ontact 산업의 영역이 더욱 확장되었다. 물리적 공간 안에서 사람과 사람이 만나는 현장모임의 형성은 어려워졌지만 정말 친한 사람들은 모든 위험을 무릅쓰고 만남을 지속적으로 이어갔다. 결국 개인의 특성과 취향을 존중하고 친밀한 동질적 그룹에 대한 중요성이 오히려 부각되는 역전현상이 일어났다는 것이다. 이런 현상을 전문가들은 자신이 가진 목적과 관계의 중요도에 따라 인덱스를 붙이는 '인덱스 관계Index Relationships'[37] 혹은 '몰라큘 라이프Molecule Life'라는 명칭으로 정의했다.

근본적으로 교회는 성도들의 거룩한 교제로서의 공동체Communio Sanctorum라는 본질을 가지고 있다. 그래서 신약성경의 히브리서 기자는 함께 모이기를 포기한 그리스도인들은 사랑과 선한 행위를 하도록 하기 위해 서로를 자극하고 격려하는 능력과 기회를 포기하는 것이라고 지적한다. 결국 거룩한 사귐과 교제로서의 코이노니아가 있는 소그룹이 교회 내에 존재한다면 엔데믹시대의 사회현실 속에 교회는 충분한 대안공동체의 책임과 역할을 감당할 수 있다.

대그룹과 소그룹의 건강한 균형

무엇보다 소그룹 사역이 중요한 이유는 성경적 이유 때문이다. "즐거워하는 자들과 함께 즐거워하고 우는 자들과 함께 울라" 롬 12:15 는 말씀은 불확실성과 불안전성으로 대변되는 위험사회 속에서 교회가 반드시 지향해야할 최고의 가치를 보여준다. 하나님 나라 백성공동체인 교회가 이런 가치를 효과적으로 실현하기 위한 방안은 역동적인 소그룹 사역에 있다. 실제로 초대교회인 예루살렘 공동체는 소그룹 목회를 통해서 날마다 부흥하는 교회였던 것을 사도행전에서 다음과 같이 증언한다. "날마다 마음을 같이하여 성전에 모이기를 힘쓰고 집에서 떡을 떼며 기쁨과 순전한 마음으로 음식을 먹고 하나님을 찬미하며 또 온 백성에게 칭송을 받으니 주께서 구원 받는 사람을 날마다 더하게 하시니라" 행 2:42-47

"그들이 날마다 성전에 있든지 집에 있든지 예수는 그리스도라고 가르치기와 전도하기를 그치지 아니하니라" 행 5:42

함께 모여 하나님의 말씀을 나누고 친밀한 식탁교제를 하며 깊이 기도하는 공동체가 예루살렘교회였다. 여기에 더하여 가진 사람은 가지지 못한 사람의 필요를 채워주고 가지지 못한 사람은 좀 더 가진 사람의 섬김을 통해서 그들의 필요가 자연스럽게 채워지는 그런 공동체가 초대교회 모습이었다. 중요한 것은 날마다 마음을 같이 해서 성전에서도 모이고 집에서도 모여서 이 귀한 사역을 진행했다는 점이다. 대그룹의 형태였던 예배로 모이는 예배 공동체와 소그룹의 형태로 모일 수밖에 없었던 집에서 모이는 공동체를 동시에 강조했던 것이 초대교회였다. 그 결과로 주변 모든 백성에게 칭송을 받고 날마다 구원받는 사람이 더하게 되는 부흥의 역사를 이뤄낼 수 있었다. 결국 대그룹 목회와 소그룹 사역의 균형 잡힌 사역이 건강한 교회성장을 이루어 내는 중요한 견인차였던 것을 확인할 수 있다. 하나님의 말씀을 듣고, 성도들이 함께 모여 같은 비전과 기도제목을 가지고 기도했을 때 영적 근력과 영적인 카타르시스를 경험할 수 있다면 이것만큼 교회를 건강하게 만드는 것이 없을 것이다.

'상실과 불안의 시대' 소그룹 사역의 중요성

또한 앞서 언급한 것처럼 소그룹 사역은 지금 당면한 사회 병리 현상을 극복할 수 있는 대안 중의 대안이다. 로버트 니스벳Robert Nisbet 과 같은 사회학자는 소외가 번져 가는 사회 속에서 유일한 대안은 '작은 규모와 안정된 구조의 공동체'라고 지적한다. 소그룹은 구조적으로 내 마음을 이해해주고 알아주는 사람을 만날 수 있는 효과적인 통로다. 사회적 어려움, 관계의 어려움들을 가지고 있는 사람들에게 주님이 머리이신 교회의 소그룹은 불안사회 속에서 소통과 공감을 이루어 낼 수 있는 최적화된 구조다. 그러므로 못 믿을 사람으로만 가득 찬 것 같은 세상 속에서 자신의 속마음을 자연스럽게 오픈하고 아무 대가를 바라지 않고 자신을 섬겨주는 이들을 만날 수 있는 소그룹은 지금 일어나고 있는 사회 병리 현상의 현실적인 극복을 위해 중요하다.

서로의 이름을 아는 소그룹

효과적인 소그룹 사역을 위해 크게 세 가지를 기억해야 한다. 먼저 서로의 이름을 아는 것이 필요하다. 이름이 가진 의미는 굉장히 크다. 모든 사람이 이름을 가지고 있고, 야곱처럼 이스라엘로 이름이 바뀌는 경우도 있다. 이름이 바뀐다는 것은 그 사람의 비전과 인격이 바뀐다는 것을 의미하기도 한다. 그 이름을 안다는 것은 그 사람이 살아오면서 그 이름값을 해내기 위해 어떤 삶을 살았는지 그리고 인간관계와 가치 기준, 세계관을 안다는 것이다. 동시에 영적인 사람이라면 자기 이름을 걸고 살아가는 과정 속에서 하나님 앞에 늘 부르짖는 기도의 제목을 안다는 의미이다. 따라서 소그룹의 유익을 진심으로 누리려면 한 영혼의 과거와 현재, 미래를 다 아는 사역을 해야 하는 것이다.

목적을 잃지 않는 소그룹

두 번째로, 건강한 소그룹을 유지하려면 목적을 잃지 않아야 한다. 교회에서 모여도 시간이 좀 지나면 목적이 희미해지고 일탈하는 사람들도 생기게 된다. 그래서 소그룹 리더들은 구성원들에게 '이곳에 모인 이유와 모여서 하고자 하는 것'에 대한 질문을 정기적으로 해야 한다. 사회학적으로 열두 명 이상을 대그룹, 그 이하를 소그룹으로 나눌 수 있는데 그동안 사람만 모이게 해주면 자연스럽게 소그룹 사역이 이뤄질 줄 알았던 것이 사실이다. 그러나 소그룹의 형태만 취한다고 역동적인 소그룹, 성숙해가는 소그룹이 되는 것이 아니라는 것을 우리는 뼈아픈 경험을 통해 깨달았다. 소통과 공감이 자연스럽고 원활하게 일어나며 그 자리에 모인 궁극적인 목적에 대해 논의할 수 있어야 한다. 예를 들어 1년 동안 좋은 예배자가 되도록 노력하자는 목적을 세우는 것이다. 모든 구성원이 그 목적을 향해 함께 갈 수 있도록 무엇을 나누고 리더는 어떻게 동기부여를 할 것인가에 대한 인식을 가지고 있어야 한다.

한 명도 소외되지 않도록 인도하는 리더

30년 가까이 소그룹 사역에 집중하며 연구한 결과 성공적인 소그룹의 핵심은 리더이다. 따라서 마지막으로 중요한 것은 참여한 단 한 사람도 가급적 소외되지 않도록 인도하는 리더의 역할이다. 단 한 사람도 은혜의 자리에서 소외되지 않고 나눔의 사각지대에 있지 않도록 해야 한다. 다양한 사람들이 모여 있는 소그룹의 눈높이는 어디에 맞출 것인가. 성경에 대해 어느 정도 알고 있는 사람들에게 맞춘다면, 교회에 처음 나온 사람들은 자기들만 아는 언어로 대화를 한다고 생각할 것이다. 매번 자신들만 아는 얘기를 하니까 모임에 나오기 싫어질 것이다. 그렇다고 수준을 낮춘다면 어떻게 될까. 좀 아는 사람들이 뒤에서 수군거릴 것이다. 소그룹 리더로서 참 듣기 민망하고 힘든 이야기이다. 그래서 늘 기억하라고 강조하는 두 가지가 있다. 바로 배려와 기여이다.

성경을 잘 몰라도 이 모임에 오기만 하면 내 삶과 기도 제목을 쉽게 나눌 수 있다는 생각을 갖게 해주는 것이다. 인간에게 필요한 감정은 소속감과 수용감, 안정감과 자존감이다. 아무것도 모르고 앉아있는 게 아니라 이 자리에 있음에 뿌듯함을 느끼고 함께 가치 있는 무언가를 향해 갈 수 있는 연대감을 사람들은 원한다. 이렇게 된다면 구성원들은 이 모임에 기여하고자 하는 마음이 들게 될 것이다.

역동적인 소그룹 사역을 위한 제안 12가지

① 시작이 반이다

소그룹 멤버들은 각자의 삶에 푹 빠져 있다가 영적 모임인 소그룹에 참여한 사람들이다. 그렇기 때문에 영적인 모임에 왔다고 해서 영적으로 깊은 자리에 곧바로 들어갈 수 없다. 모임을 시작할 때부터 잘 준비해야 한다. 멤버들이 영적 공동체에 오기 잘 했다는 생각이 들 수 있도록 준비하고 진행해야 한다. 쉽게 말하면 첫 시간부터 말문이 활짝 열리도록 효과적인 아이스브레이크 마음열기 자료들을 준비해야 한다. 본문과 연관 있는 효과적인 마음열기 질문을 통해 말씀에 자연스럽고 깊게 들어갈 수 있도록 인도자가 준비하고 삶을 나눌 수 있는 분위기와 입을 행복하게 만들 수 있는 음식이 함께 있다면 처음 시작하기에 더할 나위 없을 것이다.

② 영적 소그룹의 필수요소인 세 가지 요소를 균형 있게 강조하라

세계 70개 나라의 성장하는 교회를 분석해 성장하는 교회의 8가지 질적 특성을 제안한 자연적 교회 성장Natural Church Development, 일명 NCD [38] 이론은 교회성장을 위해 기도하며 사역하는 한국 목회자들에게 많은 인사이트를 주었다. 자연적 교회 성장 이론이 꼽은 성장하는 교회가 가지고 있는 8가지 질적 특성은 늘 염두에 두어야 할 원리이다. 그 가운데 6번째 질적 특성에서 교회의 가장 기초 세포 공동체인 전인적 소그룹의 건강함을 말할 때 신실한 예배와 깊이 있는 기도에 바탕을 둔 말씀훈련과 친밀한 교제, 그리고 상호 섬김과 전도가 균형 잡힌 공동체가 건강한 영적 공동체임을 강조했다. 이것은 사도행전 2장 42절에서 47까지의 말씀을 통해 날마다 구원받는 사람들이 더하는 부흥을 경험했던 초대교회의 모습에서 증명된 사실이다. 그러므로 역동적인 소그룹사역을 꾀한다면 초대교회처럼 항상 기도에 바탕을 둔 말씀 나눔과 교제와 전도와 봉사의 사역을 균형 있게 강조해야할 필요가 있다.

③ 소그룹의 생명주기를 인식하라

소그룹에도 탄생 시기가 있고 성장 시기가 있고 새로운 생명을 재탄생시킬 수 있는 성숙의 단계가 있다. 이 생명주기를 이해하면서 말씀 나눔과 교제와 사역을 강도를 달리해서 강조할 필요가 있다. 탄생 시기에는 서로 이름을 잘 알아가는 시기이다. 이 시기에는 다른 무엇보다 교제를 많이 해야 한다. 그러나 시간이 흘러 성장해야 할 단계에 이르면 반드시 말씀 나눔과 전도와 봉사사역에 우선순위를 두고 소그룹을 진행해야 한다. 이런 성장과정을 자연스럽게 통과하면 소그룹은 또 다른 소그룹을 잉태하고 재탄생시키는 지점에 이르게 된다. 이런 생명주기탄생, 성장, 재탄생를 인식하면서 각 시기에 강조점을 달리해서 소그룹을 진행해야 소그룹의 역동성이 살아날 수 있다.

④ 가급적 빠른 시간 내에 모든 구성원들이 진정한 코이노니아를 경험하도록 인도하라

진정한 코이노니아는 서로의 삶에 관여해도 전혀 어색해하지 않고 불편해하지 않는 상황을 의미한다. 이런 코이노니아는 철저히 경험되어야 하는 특징을 가지고 있다. 소그룹이 새롭게 출범하고 가급적 빠른 시간 내에 이런 코이노니아가 형성되면 될수록 소그룹 사역은 지속성을 가질 수 있다. 그러므로 소그룹의 탄생시기에 멤버들 모두가 서로를 깊이 신뢰할 수 있도록 시간을 확보하고, 동기 부여를 하고, 효과적인 활동을 진행하는 것은 역동적 소그룹 사역을 위해서 대단히 중요한 인도 기술이다.

⑤ 개인 활동이 아니라 그룹 활동임을 명심하라

소그룹은 개인 활동이 아닌 그룹 활동이다. 소그룹 사역을 진행할 때 반드시 염두에 두어야 할 중요한 요소 중 하나는 전체성을 가진 영적 공동체인 교회와 소그룹이 유기적으로 연결되면서 동시에 자발적 독립성의 균형을 유지해야 하는 것이다. 이 균형을 위해서 교회는 소그룹의 전체 교과과정을 짜고 소그룹으로 모일 때마다 진행하는 소그룹 성경공부 교재를 제공해야 한다. 그러므로 소그룹은 소그룹 리더들이 자기의 이야기를 쏟아놓는 현장이 아니다. 소그룹 리더는 교회가 매 년 혹은 매 학기 지향하는 목표 달성을 위해 제공한 소그룹 성경공부 교재를 활용하면서 소그룹 멤버들이 교회 전체와 타 소그룹 멤버들과도 유기적으로 연결될 수 있도록 해야 할 책임이 있다는 것을 명심해야 한다.

⑥ 닫힌 소그룹이 아니라 항상 열려 있는 소그룹을 유지하라

소그룹은 참여하고 싶은 사람이 있으면 누구나, 언제든지 들어올 수 있도록 항상 열려 있어야 한다. 누구든지 오기만 하면 환영할 수 있는 준비가 되어 있어야 하고 새로운 영혼이 들어왔을 때 그 사람을 환대할 줄 아는 열린 소그룹으로 존재해야 한다. 그러므로 자기들만의 천국이 되지 않도록 인도자는 항상 소그룹 멤버들에게 열린 소그룹의 중요성을 강조하고, 새로운 영혼이 들어왔을 때 그들을 위한 배려가 익숙한 소그룹으로 이끌어야 한다.

⑦ 강요하지 않는 질문을 하라

소그룹은 다양한 신앙의 깊이를 가진 사람들이 함께 하는 공동체다. 그러므로 신앙생활을 오래한 교인들만 대답할 수 있는 날카로운 질문이나 정답과 오답이 반드시 있는 닫힌 질문은 금해야 한다. 그래서 누구나 자신의 속마음을 자연스럽게 이야기 할 수 있는 열린 질문이 필요하다. 소그룹으로 모였을 때 닫힌 질문과 열린 질문은 소그룹의 열기를 확연하게 달라지게 한다. 따라서 인도자들은 똑같은 내용을 나누더라도 반드시 정답을 말하지 않아도 되는 열린 질문을 만드는 훈련을 꾸준히 할 필요가 있다.

⑧ 깊이 있는 나눔을 할 때는 영적 인격의 성숙도를 예리하게 분별하고 인도자가 먼저 상처받을 각오를 하고 샘플을 보여주라

소그룹에서 열린 질문을 할 때는 상처 받을 각오를 해야 한다. 그래서 인도자는 소그룹 구성원들의 영적, 인격적 성숙도가 어느 정도인지를 예리하게 관찰해야 한다. 첫 모임 시간에 서로가 잘 모르는 상황에서 깊은 이야기를 나누면 어색해 질 수밖에 없다. 이 질문을 했을 때, 상처 입을 사람이 없는가를 잘 살펴야 하고 소그룹을 시작할 때는 자기 이야기보다는 객관적인 성경의 이야기를 먼저 나누는 것도 지혜다. 모임을 지속해 나가는 과정 중에 점점 관계가 친밀해지고 성숙도가 높아지면 자신의 내면에 있는 깊이 있는 이야기를 나눌 수 있도록 인도하는 지혜가 필요하다.

⑨ 소그룹의 인원수를 잘 조절하고 안배하라

사회학자들은 자신의 생각을 나눌 수 있는 가장 효과적인 인원은 7명이라고 말한다. 이보다 많거나 적을 경우 더 깊은 모임의 단계로 들어가기가 쉽지 않다. 친밀함의 깊이를 더하고 진정한 코이노니아를 경험하는 과정이 필요한 탄생시기에는 7명조차 많다고 느껴질 수 있다. 그래서 친밀함을 추구하기 위해서는 3명 혹은 4명으로 각각 나누었다가 다시 합쳐서 7명으로 진행하는 것도 하나의 방법이 될 수 있다. 그러나 때때로 많은 사람이 함께 모여서 진행하는 것이 효과적이라고 판단되면 다른 소그룹과 합쳐서 진행하는 것도 좋은 방법이 될 수 있다. 상황에

크리스천 인사이트

따라 영적으로 예민하게 분별하여 소그룹의 인원수를 적절히 조율하는 것이 필요하다.

⑩ 소그룹을 마칠 때 따뜻한 감동을 느낄 수 있도록 항상 기도로 마무리하라

소그룹을 시작하는 시간이 중요하듯이 마무리 역시 중요하다. 소그룹을 마칠 때 따뜻한 감동을 느끼게 하는 가장 좋은 방법은 기도에 집중하는 것이다. 그래서 한 주간 그 기도제목을 끌어안고 살아갈 수 있도록 구체적인 기도제목을 나눌 수 있게 격려하고, 다음 주에 모였을 때는 지난 주간에 받은 기도의 응답을 나누는 것이 필요하다. 깊은 기도의 제목을 나눌 수 있는 한 방법으로 자기가 좋아하는 성경 구절을 5~7개 선택해서 이 구절들 중에 한 주간 붙들고 싶은 말씀을 선택하고 왜 그 말씀을 선택했는지를 나누어 보면 훨씬 깊은 자신의 상황과 기도제목을 나누는 것을 발견할 수 있다. 구체적인 기도제목을 나눈 후에 기도로 마무리 한다면 모임을 더욱 따뜻하게 마무리 할 수 있다.

⑪ 정기적인 훈련을 통해 계속 성장하라

매주 새로운 내용을 가지고 소그룹 구성원들을 섬기는 것은 소그룹 인도자에게 정말 쉬운 일이 아니다. 자칫하면 인도자들이 탈진할 수 있다. 그래서 인도자들이 늘 새로운 감각을 가지고 자신도 성장하면서 소그룹을 섬길 수 있도록 목회자가 마르지 않는 샘처럼 계속해서 영적인 동기 부여는 물론이고, 생명 공동체인 교회 속에서 소그룹이 가지고 있는 교회론적 위치와 역할과 사명, 그리고 실제적인 소그룹 인도 기술을 제공하고 가르치는 시간을 가져야 한다. 어쩌면 소그룹 사역의 성패는 목회자가 소그룹 인도자들에게 얼마만큼 전인적이고 균형 잡힌 커리큘럼을 가지고 그들을 섬기는가에 달려있다고 해도 과언이 아니다. 그러므로 소그룹 사역의 지속성과 역동성을 위해서는 정기적인 소그룹 인도자 훈련을 위한 목회자의 준비와 헌신이 무엇보다 필요하다.

⑫ 매주 모임에 제공되는 교재를 반드시 숙지하고 소그룹 구성원들과 만나라

소그룹의 역동성은 어떤 말씀 교재를 선택하느냐와 밀접한 관련이 있다. 그러므로 일차적으로 목회자가 먼저 우리 교회가 지향하는 목표가 담겨 있고, 소그룹 내에서 나눔의 역동성을 살려낼 수 있는 열린 질문으로 집필된 소그룹 성경공부교재 교과과정을 구성하는 것이 필요하다. 그리고 이렇게 소그룹의 생명주기를 전제하고 선택된 교재를 인도자들이 반드시 숙지하고 소그룹을 진행할 수 있도록 목회자가 먼저 나누고 가르치는 과정을 가지는 것이 중요하다. 이렇게 될 때 자칫 모임 자체가 교제에만 집중하거나 목적성을 잃은 공동체가 되지 않고 지속적으로 성장하는 소그룹으로 나아갈 수 있다.

건강한 소그룹 사역을 위해

엔데믹 상황이지만 지금 교회를 둘러싸고 있는 내외적 현실은 분명히 밝지 않다. 그러나 이 시기에 나타나고 있는 여러 가지 병리 현상과 우려할만한 현실 중 대부분은 기꺼이 자신을 열고 사람들에게 자신을 완전히 내어줄 수 있는 소그룹을 통해 해소될 수 있다. 건강한 소그룹 사역이 있는 교회에는 건강한 성도들이 계속 세워지는 성숙과 진정한 교회의 부흥이 일어날 수 있다. 불안전과 불확실성으로 대변되고 있는 세상과 사회 현실이지만 성령의 능력 안에서 전략적으로 준비되어 진행되는 소그룹 사역을 통해서 한국 교회가 새로운 부흥의 역사를 써 내려갈 것이라 믿어 의심치 않는다.

사례
소개

세 지붕 스무 교회

- 어시스트 미션

코로나19로 근무 환경이 변하자, 높은 임대료에 대한 부담으로 공유 오피스에 대한 수요가 급증했다. 한국 중소형 교회의 상황도 마찬가지. 성도들이 교회에 나오지 않고 헌금도 크게 줄면서 임대료에 큰 부담을 느끼고 있는 상황에서 '공유 예배당'이 등장해 숨통을 트이게 해주었다.

김포 명성교회^{담임목사 김학범}가 창립한 '어시스트 미션'은 임대료 문제로 어려움을 겪고 있는 소형 교회를 지원하기 위해 교회 건물을 매각하고 공유 예배당^{코워십 스테이션}을 세웠다. 현재 김포 구래동에 있는 '르호봇 코워십 스테이션'과 김포 풍무동에 위치한 '엔학고래 코워십 스테이션', 수원 인계동에 있는 '엘림 코워십 스테이션'까지 세 곳의 공유 예배당에서 스무 개의 교회가 예배를 드리고 있다.

공간을 공유하는 교회들은 일정 시간 간격을 두고 한 장소에서 예배를 드리고, 연합하여 예배를 드리거나 행사를 진행하기도 한다. 교회들은 매달 30만 원의 관리비를 납부하고, 부족한 운영비는 '어시스트 미션'에서 후원한다. 임대료 경감뿐만 아니라, 교회의 행정과 예배도 지원하고 있다.

'어시스트 미션'의 김인홍 사무총장은 "표면적으로는 공유 교회를 통해 임대료 문제를 해결하고 있지만 궁극적으로는 교회들이 건물 중심의 교회에서 사역 중심의 교회로 전환되기를 바란다"고 전했다.

뉴노멀 시대 재정 위기로 어려움을 겪는 중소형교회에 '어시스트 미션'의 공유예배당은 현실적인 대안이라는 평가를 받고 있으며 새로운 목회 모델이 되고 있다.

그림 91, 92 '어시스트 미션_코워십 스테이션'에 걸린 여섯 개 교회의 간판, '코워십 스테이션'에서 김포 명성교회가 예배드리는 모습

미국에서 가장 빨리 성장하는 교회

- 미국 라이프 처치 (Life.Church)

누적 다운로드 수가 무려 5억 명을 돌파한 성경 애플리케이션이 있다. 바로 '유버전YouVersion'. 친구를 초대해 함께 성경을 읽을 수 있는 기능과 연속 출석 일수를 알려주는 '활동Streak' 기능, 성경읽기 후 관련 내용으로 기도할 수 있도록 안내해주는 기능 등 성경읽기에 도움을 주는 기능들로 큰 호응을 얻었다.

'유버전'은 미국에서 가장 빠르게 성장하며, 최근 가장 주목할 교회로 손꼽히는 미국의 라이프 처치담임목사 크레이그 그로셀가 개발했다. 1996년 차고에서 시작된 라이프 처치는 20여 년이 지난 지금, 45개의 캠퍼스와 온라인 캠퍼스에서 약 8만 5천 명의 성도들이 예배를 드리고 있다. 담임목사 크레이그 그로셀은 교계뿐만 아니라 세상에서도 주목하고 있는 리더로, 그가 진행하는 리더십 관련 팟캐스트Pod Cast [39]는 많은 비즈니스 리더들이 청취하고 있으며 그는 미국에서 유명한 리더십 콘퍼런스인 '글로벌 리더십 써밋'의 키 리더로 활약하고 있다.

미국에서 가장 혁신적인 교회 중 하나로도 손꼽히는 라이프 처치는 무료로 설교와 대본, 비디오 자료와 삽화 자료 등을 공유하고, 2001년부터 비디오 설교를 진행해 왔다. 현재는 유튜브 숏츠나 인스타그램 릴스 등 뉴미디어 플랫폼에 강연 콘텐츠의 형태로 설교를 짧게 편집하여 업로드하고 있고 다양한 창의적 전도 콘텐츠와 신앙상담 콘텐츠 등을 업로드하며 큰 호응을 얻고 있다. 최근에는 마이크로소프트사의 AltspaceVR에 메타버스 교회를 만들었는데, 입구에 안내자가 있어 안내를 돕고 로비에 있는 보드에서 교회 소식을 확인하는 등 오프라인 교회와 같은 형태로 운영되고 있다는 점이 흥미롭다.

라이프 처치의 온라인 예배 웹페이지도 눈여겨 볼만하다. 화면 오른쪽에 위치한 여러 메뉴들을 통해 예배 중에 라이브 진행자와 예배 참여자들이 채팅에 참여할 수 있고, 교회에서 제공하는 설교노트를 보며 예배를 드린다. 또한 직접 예배 전후로 교회에 기도 요청을 하거나 질문도 할 수 있다.

하이브리드 처치와 미디어 사역의 중요성이 대두되고 있는 요즘, 온라인 예배 가운데에서도 신앙심을 잃지 않도록 도우며, 나아가 교회와의 연결이 끊어지지 않도록 하는 라이프 처치의 배려가 돋보이고 있다.

그림 93, 94 라이프처치의 메타버스 교회, 온라인 예배 창에 예배를 돕는 여러 메뉴가 있는 모습

크리스천 인사이트

방송국에서 일하듯 만드는 교회 콘텐츠

- 미국 샌달스 처치 (Sandals Church)

마치 방송국을 옮겨놓은 듯한 교회가 있다. 미디어 사역에 특화된 미국 리버사이드에 위치한 샌달스 처치^{담임목사 맷 브라운}가 그 주인공. 그들은 자체적으로 방송국과 TV 애플리케이션을 만들어 여러 가지 콘텐츠를 공유하고 있으며, 담임목사 맷 브라운이 출연하여 민감한 질문들에 답해주는 자체 TV쇼도 진행하고 있다. '방송국에서 일을 하며 교회 콘텐츠를 만든다는 생각으로 사역에 임하고 있다'는 미디어 사역 팀의 열정과 노력으로 샌달스 처치의 콘텐츠들은 높은 수준을 자랑한다.

팟캐스트와 유튜브, 인스타그램 등 다양한 SNS 채널에서 복음을 전하고 있는 샌달스 처치는 특히 인스타그램의 숏폼인 릴스를 적극적으로 활용하여 묵상과 간증 콘텐츠를 업로드하고 있다. 이곳에서는 맷 브라운 목사가 반팔 티셔츠 등 가벼운 옷차림으로 인사를 건네거나 교회 소식을 전하는 이색적인 모습도 볼 수 있다.

샌달스 처치의 홈페이지 또한 주목할 만하다. 교회를 소개하는 ABOUT 탭에서는 샌달스 처치의 비전을 픽토그램과 짧은 글로 소개하고 있다. '죄'를 뱀 그래픽으로, '하나님'을 'I AM'이라는 그래픽으로 형상화하는 등 획기적인 그래픽으로 신자와 비신자 모두 쉽게 이해할 수 있도록 비전을 정리해놓았다.

디지털 세대에게 큰 호응을 얻고 있는 샌달스 처치. 한국교회에서도 다음세대와 연결되는 미래교회를 꿈꾼다면 샌달스 처치의 과감한 시도들을 눈여겨 볼 필요가 있다.

그림 95, 96 샌달스 처치 TV에서 맷 브라운 목사의 팟캐스트가 방영되고 있는 모습, 교회 비전이 픽토그램으로 정리되어 있는 모습

메타버스를 선교의 장으로

- 영국 코너스톤 처치 (Cornerstone Church of Yuba City)

메타버스는 이제 우리 삶과 떼려야 뗄 수 없는 영역이 됐다. 교회 역시 마찬가지. 영국 유바시티에 있는 코너스톤 처치^{담임목사 제이슨 폴링}의 홈페이지 상단 메뉴에는 '메타버스 교회'라는 메뉴가 있다. 메타버스에 대해 기도로 준비하며 연구한 제이슨 폴링 목사는 메타버스 서비스인 AltsapceVR에 'Cornerstone VR'라는 이름으로 첫 메타버스 캠퍼스를 열고 이후 VRChat이라는 메타버스 공간에 두 번째 캠퍼스를 열었다.

AltsapceVR 캠퍼스에는 21개월 동안 약 16,000명이 참가했고, VRChat 캠퍼스에는 9개월 동안 약 7,300명이 참가했다. 그리고 메타버스 캠퍼스에 정기 출석하게 된 경우도 14,000건이 넘었다.

제이슨 폴링 목사는 "코너스톤 처치가 메타버스를 통해 평균적으로 매년 8,000명 이상의 새로운 사람들, 그것도 기독교와 전혀 무관한 사람들을 만날 수 있다는 것은 그만큼 복음의 영향을 헤아릴 수 없이 넓힐 수 있는 길"이라고 전했다.

2021년 9월에 첫 VR 캠퍼스 성도 모임이 개최되며 가상공간에서의 모임이 오프라인으로 확장되는 성공적인 사례를 보여준 코너스톤 처치.

메타버스 서비스에 대한 한국교회의 고민을 덜어줄 의미 있는 사례가 되고 있다.

그림 97, 98 코너스톤 처치의 메타버스 예배와 대면 모임이 이루어지고 있는 모습

주

1 스티브 잡스(Steve Jobs) : 미국 애플(Apple)사의 창업자로 아이폰, 아이패드 등을 출시하며 IT업계에 새로운 바람을 일으켰다.

2 메타 사피엔스(Meta Sapiens) : 상상력과 과학기술의 결합이 만들어낸 신세계에서 살아갈 인류를 뜻한다.

3 필터 버블(Filter Bubbles) : 엘리 프레이저가 처음 소개한 개념으로, 인터넷 정보제공자가 이용자에게 맞춤형 정보를 제공해 이용자는 필터링 된 정보만을 접하게 되는 현상. 즉 사용자에게 맞게 필터링 된 정보가 마치 거품처럼 사용자를 가뒀다는 비유적 표현

4 에코 체임버 : 미 하버드대학의 캐스 선스타인 교수가 처음 소개한 개념으로 자신의 가치관과 다르거나 반대되는 관점을 차단하고, 스스로 선호하는 관점만을 반복적으로 수용하고 소비하는 일종의 인지 편향

5 호모 데우스(Homo Deus) : 유발 하라리의 책에 처음 등장한 단어로, 사람 속을 뜻하는 학명 '호모'(Homo)와 신(God)을 뜻하는 '데우스'(Deus)의 합성어로 '신이 된 인간'이라고 번역할 수 있다.

6 몰라큘 라이프(Molecule Life) : 원자들이 최소한으로 결합되어 있는 분자(molecule)처럼 최소한의 모임을 유지하는 것을 의미한다. 코로나19로 인해 많은 모임이 사라지고 있지만, 꼭 필요한 만남과 모임은 지속되고 있는 것처럼 어떠한 상황에서도 사람은 혼자 살아갈 수 없는 존재임을 나타낸다.

7 액티브 시니어(Active Senior) : 은퇴 이후 소극적으로 사회활동을 하던 기존 노인세대와는 달리 적극적으로 사회활동을 하는 새로운 노인세대

8 포노 사피엔스(Phono Sapiens) : 스마트폰과 호모 사피엔스(인류)의 합성어로, 휴대폰을 신체의 일부처럼 사용하는 새로운 세대를 뜻한다.

9 인구 데드크로스 : 사망자 수가 출생아 수보다 많아지면서 인구가 자연감소하는 현상. 평균수명의 증가에 따른 인구 고령화, 주출산 연령층 감소, 비혼·만혼 증가, 출산율 저하 등에 따라 나타난다.

10 피보팅(Pivoting) : 트렌드나 바이러스 등 급속도로 변하는 외부 환경에 따라 기존 사업의 방향을 다른 쪽으로 전환하는 것

11   X세대 : 1960년대와 1970년대 베이비붐 세대 이후 태어난 세대로, 고도 경제 성장 덕분에 청소년 시절부터 경제적, 사회적, 물질적 풍요를 동시에 누린 첫 번째 세대이다.

12   밀레니얼 세대(Millennial Generation) : 1980년대 초반부터 1990년대 중반 출생한 세대로, IT기술에 익숙하다. 반면 2008년 글로벌 금융위기 이후 사회에 진출해 고용 감소, 일자리 질 저하 등의 어려움을 겪기도 했다.

13   꿈미 : 오륜교회에서 설립된 기독교 대안학교로 성경적 가르침으로 다음세대를 양육하고 있다.

14   한국교회 트렌드 2023 : 목회데이터연구소와 희망친구 기아대책이 공동 기획하여 발간한 책으로 정확한 조사 데이터에 근거해 포스트 코로나 시대 2023년 한국 교회 전망과 전략을 제시했다.

15   플로팅 크리스천(Floating Christian) : '한국교회 트렌드 2023'에서 처음 표현한 단어로, 전통적인 신앙생활을 벗어나 자유로운 신앙생활을 추구하는 자들을 뜻한다.

16   메타인지 : 1970년대 발달심리학자인 존 플라벨(J. H. Flavell)에 의해 만들어진 용어로 자신의 생각에 대해 판단하는 능력을 뜻한다.

17   화이트칼라 범죄(White-collar Crime) : 사회의 각 방면에서 관리적·지도적 입장에 있는 사람이 직무상의 지위를 이용해 직무과정에서 범하는 범죄 행위. 예를 들어 회사 임원의 횡령이나 배임 등을 의미한다.

18   헤게모니(Hegemony) : 한 집단·국가·문화가 다른 집단·국가·문화를 지배하는 것을 이르는 말로 20세기 이후 미국과 같은 강대국의 활동과 관련하여 이 용어는 정치적 지배라는 의미를 지니고 있다.

19   이머징 처치(Emerging Church) : 포스트 모더니티 사조에 대응하여 새롭게 부상한 다양한 교회들

20   사이버 온라인 처치(Cyber Online Church) : 4차 산업혁명과 정보화 사회로의 진입에 따라 등장한 교회로 모든 신앙 활동을 온라인에서 하는 교회

21   미셔널 처치(Missional Church) : 선교에 대한 새로운 관점으로 해외 선교만 아니라 모든 지역 교회들이 교회가 속한 지역 사회에서 선교의 사명을 감당해야 한다는 의미로 쓰는 용어

22   Churchianity : 기독교를 뜻하는 'Christianity'의 'Chirst'를 'Church'가 대체한 신조어로, 그리스도가 아닌 교회의 건물과 관습, 형식을 따르는 사람들의 신앙

---

23 가나안 성도 : 교회에 가지 않지만 자신은 기독교인이라고 말하는 사람들

24 월트 디즈니 스튜디오(The Walt Disney Studios) : 미국 캘리포니아 버뱅크에 위치한 영화 스튜디오로 디즈니 영화사업을 총괄하고 있다.

25 워너 브라더스 스튜디오(Warner Bros. Studios) : '해리포터 시리즈' 등을 제작한 미국의 영화사이다

26 유니버설 스튜디오(Universal Studios) : LA에 있는 영화 스튜디오 가운데 가장 규모가 큰 곳으로 영화 세트장은 물론 특수촬영 등 다양한 체험도 해 볼 수 있다.

27 구텐베르크(Johannes Gutenberg) : 서양 최초로 금속활자를 발명한 인쇄술의 혁신자. 신속하고도 효율적인 인쇄술을 개발해 정보 확산의 혁명을 이뤘으며 역사상 최고 예술품인 일명 '구텐베르크 성서'를 만들었다.

28 IBM : 미국의 컴퓨터 및 정보기기 제조업체로 사무용 기기 사업으로 출발해 세계 최대 컴퓨터 제조업체로 성장했다. 이후 기업 컨설팅 및 IT솔루션 사업을 주력으로 하는 미국의 다국적 기업이다.

29 크라우드 펀딩(Crowd Funding) : 자금을 필요로 하는 수요자가 온라인 플랫폼 ed을 통해 불특정 다수에게 자금을 모으는 방식으로, 종류에 따라 후원형, 기부형, 대출형, 증권형 등으로 나뉜다.

30 월트 디즈니(Walt Disney) : 미국의 만화영화 제작자로 애니메이션하면 대표적으로 떠오르는 '디즈니'의 창업주이다. 미키 마우스와 도널드 덕 등을 탄생시킨 장본인이며 애니메이션이라는 새로운 문화 장르를 개척했고 꿈을 현실로 이뤄낸 디즈니랜드를 건설한 인물이다.

31 Faith&Prejudice : Meta(구. Facebook) 북미지역 커뮤니티 파트너십 책임자 및 Global Faith-based 파트너십 책임자인 노나 존스가 2020년 설립한 단체로 인종과 교파를 넘어 기독교인들을 연합해 편견에 맞서는 운동을 하고 있다.

32 블루 체크(Blue Check) : 소셜 미디어 트위터가 유명 계정의 진위 여부를 알리기 위해 도입한 시스템으로, 패러디나 거짓 계정으로 인한 피해를 막기 위해 진짜 계정에 파란색 체크 표시를 부여한다.

33 미네르바 스쿨 : 벤 넬슨이 2012년 설립한 학교로 미국 캘리포니아 샌프란시스코에 있다. 샌

프란시스코를 포함한 7개 국가에 기숙사를 임대해 학생들에게 주거 공간을 제공하며 온라인 교육 플랫폼으로 수업을 진행하는 것이 특징이다. 세계에서 가장 입학하기 힘든 대학이자 가장 혁신적인 커리큘럼을 가진 대학으로 평가받기도 한다.

34 인센스 : 작은 원뿔 모양의 콘형과 긴 막대 형태의 스틱형에 불을 붙여 연기를 내는 향

35 스머지스틱 : 인디언들의 제사 의식에 사용되던 것으로 인센스와 비슷한 용도로 사용

36 패스트 그로잉 처치(Fast Growing Church) : 미국의 매거진 〈OUTREACH〉에서 발표한 미국에서 급성장하고 있는 교회

37 인덱스 관계(Index Relationships) : 김난도 교수의 '트렌드 코리아 2023'에 등장한 단어로 목적 기반으로 형성된 수많은 인간관계에 각종 색인을 뗐다 붙였다하며 효율성을 극대화하는 요즘 시대의 '관계 관리'의 한 형태

38 자연적 교회 성장(Natural Church Development) : 크리스티안 A, 슈바르츠의 책 제목으로 건강한 교회에 꼭 필요한 여덟 가지 질적 특성을 위한 지침서. 이 책에서 말하는 자연적 성장 과정은 본래의 잠재력을 자유롭게 활동할 수 있도록 하는 것이다.

39 팟캐스트(Pod Cast) : 애플의 아이팟(Ipod)과 방송(Broadcasting)을 결합해 만든 신조어로, 포터블 미디어 플레이어(PMP) 사용자들에게 오디오 파일 또는 비디오 파일 형태로 뉴스나 드라마, 각종 콘텐츠를 제공하는 미디어

강사
소개

1. 사람과의 연결 | 커뮤니티 처치

한재욱
- 강남비전교회 담임목사   – 침례신학대학교 Th.M 졸업(구약학전공)
- 미국 The Southern Baptist Theological Seminary(남침례신학대학) 구약학 박사 과정 입학
- CTS기독교TV(새벽의 종소리) 등 방송사역 진행

지용근
- 목회데이터연구소 대표   – 지앤컴리서치 대표이사
- 한국기독교언론포럼 이사   – 저서 〈한국교회 트렌드 2023〉 외 다수

주경훈
- 꿈이있는미래 소장   – 前) 오륜교회 교육국장
- 저서 〈원포인트 통합교육〉, 〈부모 거듭남〉 외 다수

안희묵
- 미국 침례신학대학교 신학대학원 졸업 – M.Div (목회학 석사)
- Fuller Theological Seminary – D.Min (목회학박사)
- 멀티꿈의교회 대표목사   – 73대 기독교한국침례회 총회장
- 사단법인 엘피스 이사장

유기성
- 선한목자교회 담임목사   – 코스타(KOSTA) 국제이사
- 한국레노바레 이사   – 위드지저스미니스트리With Jesus Ministry 설립자
- 저서 〈나는 죽고 예수로 사는 사람〉, 〈예수님은 나의 선한 목자이신가〉 외 다수

심우인
- 선한목자갈렙교회 담당목사

2. 세상과의 연결 | 브릿지 처치

장동민
- 서울대학교 철학과(B.A.) 졸업
- 미국 웨스트민스터 신학대학원 Ph.D. 졸업 (역사신학 박사)
- 백석대학교 교목부총장
- 백석대학교 역사신학 교수
- 저서 〈대화로 풀어본 한국교회사 1,2〉, 〈광장과 골방〉 외 다수

정재영
- 실천신학대학원대학교 종교사회학 교수 − 21세기교회연구소 소장
- 저서 〈계속되는 도전〉외 다수

임병선
- Southwestern Baptist Theological Seminary Th.M 졸업 (설교학, 신약학 전공)
- 용인제일교회 담임 목사
- 칼빈대학교 대우교수
- CTS두란노성경교실 메인강사

전규택
- 김포 아름다운교회 담임목사
- 들녘지기 환경센터 대표
- 김포 외국인센터 운영위원

3. 미래와의 연결 | 그로잉 처치

필 쿡(Phil Cooke)
- Cooke Media Group CEO   – TWC Films 공동 설립자
- 저서 <Branding Faith: Why Some Churches and Non-Profits Impact Culture and Others Don't> 외 다수

노나 존스(Nona Jones)
- Open Door Ministries 대표
- Meta(구. 페이스북) 북미지역 커뮤니티 파트너십 및 Global Faith-based 파트너십 책임자
- Faith & Prejudice 설립자
- 前) SunshineBroadcasting 뉴스 디렉터 & 커뮤니티 관계 코디네이터

황인권
- 인권앤파트너스 대표   – 침례신학대학교 신학과 졸업
- 그레이프바스켓 대표   – 파르퓸삼각 Product Owner
- 숙명여자대학교 겸임교수
- 홍익대학교 국제디자인전문대학원 IDAS 디지털미디어디자인 전공

조성실
- 소망교회 부목사, 온라인사역실장   – 디지털미디어와 교회 센터장
- 고려대학교 언론대학원 영상전공(M.A)
- 장로회신학대학교 기독교와 문화(Ph.D Cand)

이상화
- 서현교회 담임목사   – 한국소그룹목회연구원 대표
- 前) 한국기독교목회자협의회 사무총장
- 저서 <건강한 교회성장을 위한 소그룹 리더십> 외 다수

예배의 회복, 교회의 부흥
CTS 나영선 특별 집회

CTS가 국내 최고의 찬양 사역자와 함께 각 교회로 찾아갑니다.
CTS와 교회가 함께하는 특별 예배를 교회 부흥의 기회,
지역 사회를 향한 전도의 기회, 선교동역의 기회로 활용하세요!

CTS 찬양선교사

김석균 목사	황국명 목사	손재석 목사	김관호 목사	함부영
지미선	브라이언 킴	심상종	강성훈	이정림
김민석	남궁송욱	신현진	김동욱	김하은
김혜영	김소임	최혜진	JM	정은주

CTS 나영선 특별 집회 진행순서

찬양예배 ➡ 나영선 사역소개 ➡ 영상선교 동역 작정 ➡ 후원서 작성

*CTS 나영선 특별 집회는 교회의 별도 소요 예산을 필요로 하지 않습니다.

나영선은 나도 영상 선교사의 줄임말입니다

문의전화 02-6333-1003

홈페이지 www.ctsmission.co.kr

- 이 책의 판권은 지은이와 CTS에 있습니다.
- 이 책 내용의 전부 또는 일부를 재사용하려면 반드시 양측의 서면 동의를 받아야 합니다.

사람, 세상, 미래를
이어주는 교회들의 이야기

크리스천 인사이트

초판 1쇄 발행 2023년 3월 1일

지은이 한재욱, 지용근, 주경훈, 안희묵, 유기성, 심우인, 장동민, 정재영,
임병선, 전규택, 필콕, 노나 존스, 황인권, 조성실, 이상화
편저 이선우
편집 럽앤포토
디자인 디자인엔트
제작 미디어랩

펴낸이 감경철
펴낸곳 CTS
주소 서울특별시 동작구 노량진로 100 10층
이메일 cts.kcmc@gmail.com
ISBN 979-11-85765-33-4 03230
값 18,000원

CHRISTIAN

INSIGHT